SEGREDOS DA MAGIA

AMULETOS, ERVAS, BANHOS E RITUAIS
PARA TODAS AS OCASIÕES

Sibyla Rudana

SEGREDOS DA MAGIA

AMULETOS, ERVAS, BANHOS E RITUAIS
PARA TODAS AS OCASIÕES

ALFABETO

Publicado em 2016 pela Editora Alfabeto

Supervisão geral: Edmilson Duran
Diagramação: Décio Lopes
Revisão de texto: Rosemarie Giudilli

DADOS INTERNACIONAIS DE CATALOGAÇÃO NA PUBLICAÇÃO

Rudana, Sibyla

Segredos da Magia: Amuletos, Ervas, Banhos e Rituais para todas as ocasiões / Sibyla Rudana – 3ª Edição – Editora Alfabeto. São Paulo, 2022.

ISBN: 978-85-98307-33-6

1. Magia 2. Rituais I. Título.

Todos os direitos reservados. Proibida a reprodução total ou parcial desta obra sem a expressa autorização por escrito da editora ou do autora, seja quais forem os meios empregados, com exceção de resenhas literárias que podem reproduzir algumas partes do livro, desde que citada a fonte.

EDITORA ALFABETO
Rua Protocolo, 394 | CEP 04254-030 | São Paulo/SP
Tel: (11) 2351-4168 | E-mail: editorial@editoraalfabeto.com.br
Loja Virtual: www.editoraalfabeto.com.br

Para minhas irmãs
Sandra, Leila e Luciana

&

À memória de Ashara,
Anjos em minha vida.

Em Magia três coisas são possíveis:
limpar, energizar e fortalecer.
O resto é brinde de merecimento.

SIBYLA RUDANA

Sumário

Para Início de Conversa.................................9

Capítulo 1 – Magia com Banhos 13

Capítulo 2 – Magia com Velas 25

Capítulo 3 – Magia com Cristais..................39

Capítulo 4 – Magia com Sal.........................59

Capítulo 5 – Magia com Amuletos e Talismãs..........75

Capítulo 6 – Magia com Ervas.....................95

Capítulo 7 – Magia com Incensos 105

Capítulo 8 – Magia com Óleos....................109

Capítulo 9 – Magia com Pós 113

Capítulo 10 – Magia das Benzeduras e Rezas.........121

Capítulo 11 – Magias de Proteção................129

Capítulo 12 – Magias para Atrair Dinheiro...........137

Para Início de Conversa

A palavra magia vem sendo usada nos últimos anos como sinônimo de bruxaria, feitiçaria e "coisas" sobrenaturais que perturbam o homem e fazem-no proceder sem ser o dono verdadeiro de suas vontades e atos.

Com o passar dos tempos, o estudo das Ciências e Artes Místicas resgatou o valor da palavra Magia e de seu verdadeiro significado, livrando-a do preconceito. O homem moderno percebeu a tempo que existe uma árvore dentro da minúscula semente.

Bem longe daquelas imagens fantásticas da televisão e do cinema, Magia não é efeito especial. O ato abençoado de plantar uma semente e vê-la transformar-se numa frondosa árvore é coberto de poderes mágicos.

Magia é e sempre será a capacidade que o homem tem de transformar realidades. E para isso, lança mão de tudo que existe dentro de si mesmo e ao seu redor, num arrojo de praticar magia e melhorar a sua qualidade de vida.

Então, podemos dizer que em todos os dias de nossas vidas praticamos Magia. E desde o momento em que respiramos e nos sentimos bem, até aquele momento em que transformamos em realidade projetos simples, como fabricar uma cadeira, transformando a madeira em móvel, ou ainda fazer um chá de ervas e espantar um mal-estar qualquer.

10 | *Segredos da Magia*

Conheço histórias de pessoas amigas que, mesmo sem qualquer conhecimento especial, utilizaram aromas e velas para melhorar a energia do corpo e revitalizar a saúde emocional. São pessoas que como você querem ter à mão um receituário básico e útil para as mais diferentes situações.

E neste livro você vai encontrar as receitas de magia mais eficazes que podem ajudar você a conquistar o equilíbrio.

Então, mãos à obra!

Advertência

Que o incauto, porém esperançoso leitor, ansioso para ler este livro, seja alertado de que toda magia é mental. Não basta, portanto, juntar um monte de ingredientes e achar que esteja realizando um procedimento mágico, capaz de mudar qualquer situação, sem que haja uma forte intenção de ter bons resultados. Os ingredientes que usamos são repletos de energia, porém tais energias usadas isoladamente ou em conjunto, sem que você coloque sua própria energia vibracional e intenção, não lhe proporcionará o resultado desejado.

Cumprir cada parte do ritual mágico de forma impecável e utilizar os melhores ingredientes não é o suficiente para se obter êxito.

Além disso, existem mais quatro ingredientes que devem ser acrescidos a quaisquer fórmulas mágicas a fim de lhes garantir todo o êxito possível.

- O primeiro deles é a verdadeira necessidade de se fazer a magia. Uma vez testados todos os meios possíveis, que dependem unicamente de você, e não tendo conseguido sucesso, e ainda sendo algo que possa beneficiar mais pessoas além de nós, recorra tranquilamente a um procedimento mágico.

- O segundo ingrediente é a vontade sincera de fazer a magia. De que adianta fazer magia sem ter boa vontade de buscar os ingredientes adequados, de esperar o momento e o lugar corretos? O verdadeiro aprendiz não conhece dificuldades, por exemplo, a distância.

- O terceiro ingrediente é a paciência, pois como pode uma pessoa queixar-se de que vai mal, que seus negócios não prosperam, que ela se sente entravada, como se calçasse "botas de ferro" até as virilhas, e achar que se livrando daquele peso que teve consigo por tanto tempo poderá sair correndo e modificar a situação de forma extraordinária? Nem sempre é assim, e raro são os casos em que a magia pode ser comparada aos efeitos das varinhas de condão das fadas dos contos infantis. Raciocine. Se esta pessoa que calçou durante tanto tempo a "bota de ferro", simbólica, tendo-a retirado com a ajuda de algum recurso mágico, sentirá, ainda por algum tempo, os efeitos de tamanha paralisia causada pelo seu uso. Não é assim que acontece com as pessoas que engessam a perna?

- O quarto e último ingrediente especial é o silêncio. Não existe magia que tenha sido divulgada e tenha dado certo. Imagine aquela figura que costuma dizer: "Vou fazer tal feitiço ou magia para bloquear as energias que atrapalham o movimento comercial de minha loja". Ela nem se dá conta de que os pensamentos que outras pessoas emitem sobre o assunto podem causar a nulidade para sua magia.

Será que existe ainda alguém que desconheça a força do pensamento e as vibrações que ele pode emitir? Portanto, cuidado, magia é poder e silêncio. Principalmente, silêncio. Então, se existe em você a disposição ideal para fazer aflorar seu poder mágico adormecido, siga em frente na leitura deste livro. Vamos juntos percorrer diversos laboratórios mágicos.

Capítulo 1
Magia com Banhos

Desde tempos imemoriais a água está associada à energia emocional, à limpeza e ao renascimento. Um banho ritual, preparado com água e outros ingredientes, propicia a renovação da energia de sua aura. O ritual em si indica que, independente da idade, tem sua mente aberta para pedir ajuda ao Universo, para transmutar o que é necessário. Isto quer dizer que a vontade de ouvir a voz interior é suficientemente forte, e que seu pensamento não se contradirá em nenhum instante.

É importante tornar-se confiante na força geradora de energia que não se faz compreender de imediato pela mente racional.

14 | *Segredos da Magia*

Banhos para Limpeza Vibracional ou Energética

Os ingredientes de um banho de limpeza energética limpam a energia da aura de quem sofre de insônia, ansiedade, cansaço, pensamentos e sentimentos negativos. Mas estes banhos também ajudam na elevação espiritual, preparando a pessoa para contatos espirituais, canalizações, energizações e iniciações.

Banho de Limpeza Energética

Ingredientes

- 50 g de arruda seca ou 25 g de arruda fresca
- 1 xícara de chá de sal grosso

Coloque um litro de água para ferver, quando atingir o ponto de fervura, desligue o fogo, coloque as folhas de arruda em infusão e acrescente o sal. Tampe o recipiente e deixe-o descansando por uma hora. Em seguida, coe a mistura e coloque numa tigela ou bacia pequena, acrescente mais dois litros de água para dissolver melhor a tintura. Tome o seu banho habitual de higiene e em seguida derrame sobre o corpo, do pescoço para baixo.

Este banho é útil para quem esteja se sentindo "pesado", como se arrastasse um peso desconhecido. Geralmente, quem passa por essa vibração, vivenciou algo traumático ou esteve em lugares muito carregados de energia de dor e sofrimento.

Banho de Noz

O banho de noz é indicado para quem quer se livrar da energia de outra pessoa, quando se rompe um relacionamento. Portanto, é bom estar certo de que você deseja romper uma relação, pois não há volta quanto a isto.

Ingredientes

- 10 nozes sem casca
- 1 panela de ferro

Cozinhe as nozes numa panela de ferro, por aproximadamente três horas, adicionando água quando necessário. Comece com um litro de água e, ao longo das três horas, vá adicionando mais água durante o cozimento. Ao final do período, você terá um líquido preto e quente que pode ser usado como banho, assim que esfriar. Antes de utilizar o banho, ao qual você deve acrescentar mais água, tome seu banho habitual. Em seguida, derrame o banho lentamente, da cabeça aos pés.

Banho de Amêndoas

As amêndoas são excelentes para quem quer manter ou despertar sua própria natureza amorosa: dar e receber amor. Neste caso, é bom não confundir amor com sexo, que pode ser feito sem amor.

Ingredientes

- 12 amêndoas sem cascas, mas com peles
- 1 panela
- Água

16 | *Segredos da Magia*

Cozinhe as amêndoas inteiras, numa panela de ferro, como para o banho de nozes. Banhe-se lentamente, após o banho habitual de higiene. Faça uma oração sincera para aumentar a sua capacidade de amar os outros, mesmo que você não se sinta amado pelos demais.

Banho de Avelãs

Banho de Avelãs para estimular o raciocínio. Os antigos ensinavam que este banho mantém o corpo mental limpo por vários dias. Este banho pode ser usado para afastar a depressão mental, pensamentos desfocados, falta de clareza mental e dificuldade incomum com a fala e a comunicação.

Ingredientes

- 9 avelãs inteiras, sem a casca, mas com a pele
- Água
- 1 Panela de ferro

Este banho é feito do mesmo modo que o banho de nozes. Deve ser tomado lentamente, da cabeça aos pés, sempre com o pensamento voltado para a renovação da energia e o aumento da clareza mental.

Recomendo o banho de avelãs para quem quer se livrar da depressão mental, pensamentos desfocados, falta de clareza mental, dificuldade incomum de comunicar-se ou falar com as pessoas mais próximas.

Banho de Nozes-Pecãs

O banho de nozes-pecãs é recomendado para melhorar as finanças. Mas é contraindicado caso você seja apaixonado por elas ou coma nozes-pecãs com frequência. Este é um banho traiçoeiro e, enquanto é bom para algumas pessoas pode dar resultados negativos para outras. Caso você não coma nozes-pecãs e deseje testar este banho, é feito do mesmo modo que os banhos de nozes, amêndoas e avelãs, exceto que você deve usar uma panela de cobre, que é um metal de Vênus e ela estabelece beleza, conforto e fartura.

Ingredientes

- 12 nozes-pecãs
- Água
- 1 panela de cobre
- 1 vela verde
- 1 vela rosa

Cozinhe as nozes-pecãs por várias horas, repetindo o mesmo procedimento dos banhos anteriores. Acenda as velas e faça uma oração para aumentar a riqueza pessoal, salário ou uma transformação em sua condição financeira. Não seja específico sobre a fonte dos fundos, pois o Cósmico provavelmente tenha solução melhor que a sua.

Banho da Paixão

Existem aquelas situações em que você deseja ser notado de uma maneira especial. Este banho aumenta o magnetismo da aura, tanto para quem deseja amor e paixão, quanto para quem deseja obter atenção especial de um grupo de pessoas.

Ingredientes

- 25 pétalas de rosa vermelha
- 1 maçã vermelha ralada (com casca e sementes)
- 1 xícara de café de mel de flor de laranjeira
- 10 gotas de óleo de amêndoas doces
- 10 gotas de essência de baunilha branca

Banho para ser feito no período entre a Lua Crescente ou Cheia. Ferva 1 litro de água e coloque em infusão todos os ingredientes do banho. Depois desligue o fogo e deixe esfriar. Quando for tomar o banho, acenda uma vela vermelha e incenso de mel ou rosa vermelha. Lembre-se de coar o banho, antes de usá-lo, dispensando em seguida as pétalas da rosa num jardim ou vaso de plantas. Este banho é utilizado após o banho de higiene, sempre do pescoço para baixo. Faça este ritual três vezes, durante um mês, até conseguir atrair quem deseja. Apague a vela e faça este ritual por até sete vezes, utilizando a mesma vela. Na última vez que desejar fazer o ritual, deixe a vela ser consumida.

Magia com Banhos | 19

Banho para ser Feliz numa Relação

Ingredientes

- 1 litro de água fervente
- 1 girassol (flor)
- 1 pau de canela de pelo menos 5 cm
- 1 colher de sopa de mel
- 1 vela cor-de-rosa

Para que este banho seja mais eficaz, faça-o durante o período de Lua Cheia. Ferva 1 litro de água e junte as pétalas do girassol, o mel e a canela. Antes de fazer o banho, acenda uma vela cor-de-rosa e faça seus pedidos. Depois disso, coe o seu preparado e, verta-o pelo seu corpo, do pescoço para baixo. Evite secar-se após o banho. O ideal é que este banho seque naturalmente.

Banho de Vênus para o Amor

Ingredientes

- 21 lascas de canela
- 21 cravos-da-índia (sem a bolinha)
- 21 pétalas de rosa vermelha
- Essência de rosas vermelhas
- Vela vermelha
- Incenso de rosas vermelhas

Ferva os paus de canela com os cravos, desligue o fogo e acrescente uma colher de sopa de essência de rosas e tampe.

Por três dias seguidos, banhe-se da cabeça aos pés, dedicando o banho a Vênus e pedindo o que deseja no amor. A vela e o incenso são acesos ao fazer o primeiro banho. Despache as sobras na natureza, diretamente na terra.

Banho para a União do Casal

Ingredientes

- 1 litro de água
- 1 colher de sopa de sal grosso natural
- Pétalas de 3 rosas cor-de-rosa
- 2 colheres de mel
- 1 vela rosa
- 7 paus de incenso de rosa

Para o resultado satisfatório deste banho, é necessário que o faça juntamente com o seu par. Numa sexta-feira, ferva 1 litro de água com sal e ervas, junte pétalas de três rosas cor-de-rosa e 1 colher de sopa de mel. Apague o fogo, coe o preparado e deixe a água esfriar. Enquanto isso, prepare um banho de espuma e acrescente a mistura ao banho. O ideal seria fazer este banho numa banheira, mas é também eficaz usando-o no chuveiro. Acenda uma vela rosa e sete paus de incenso. Depois vertam ambos a água que ferveu sobre seus corpos, do pescoço para baixo. Saiam da banheira e sequem-se com a mesma toalha. Realizem este ritual sempre que acharem necessário.

Banho para Atrair a sua Alma Gêmea

Ingredientes

- 1 litro de água
- 1 colher de sopa de essência de baunilha
- 10 gotas de essência de rosas
- 10 gotas de essência de morango
- Pétalas de 3 rosas vermelhas
- Pétalas de 3 rosas cor-de-rosa

Para que este banho seja mais eficaz faça-o durante a Lua Cheia, numa sexta-feira. Ferva 1 litro de água, junte todos os ingredientes e espere o banho esfriar. Coe o preparado, e depois de tomar um banho normal, verta este preparado no seu corpo, do pescoço para baixo. Saia da banheira e deixe-se secar naturalmente.

Banho Afrodisíaco

Antes de um encontro amoroso, faça o seguinte ritual para que sua aura fique carregada com uma energia sedutora e para que tudo corra como deseja.

Ingredientes

- 3 pauzinhos de canela
- 3 folhas de louro
- 1 colher de chá de essências de rosas
- 3 cravos-da-índia
- 1 colher de sopa de mel

Faça um chá com as folhas de louro e os paus de canela, fervendo-os em 1 litro de água. Junte os demais ingredientes. Com o fogo desligado, deixe o preparado esfriar. Enquanto isso, acenda em seu banheiro uma vela vermelha e tome um banho rápido. Depois, despeje o banho que preparou sobre o seu corpo, do pescoço para baixo. Seque-se com uma toalha branca lavada e deixe a vela acesa em segurança. Saia de casa, logo em seguida, para o seu encontro.

Banho de Cerveja

O banho de cerveja remove a energia do quebranto, geralmente conhecido como mau-olhado. O quebranto pode provocar a incapacidade física que afeta as partes mais fracas do corpo.

As técnicas para cura ou remissão do quebranto envolvem fatores similares. Primeiro, você deve remover a energia espiritual negativa da pessoa afetada pelo quebranto. Para tanto, você pode fazer um banho de sal grosso, água e arruda, que eu indico neste capítulo. Segundo, benze-se a pessoa utilizando um galho de arruda, enquanto profere palavras que sejam eficazes para expulsão de tal energia. Comparativamente, é como a remoção de um estilhaço, onde primeiro o objeto estranho é removido e depois a ferida pode ser tratada.

Este banho não só remove a energia do quebranto, também adiciona força ao corpo espiritual de quem o utiliza.

Ingredientes

- 1 litro de cerveja clara
- 1 colher de chá de sal
- 10 litros de água morna
- 1 vela branca

Misture a cerveja e o sal na água morna. Banhe-se da cabeça aos pés, após o banho de higiene. Caso você tenha uma banheira, este banho deve ser misturado à água da banheira, de forma que você possa submergir várias vezes. Em seguida, enxugue-se, recolha-se num lugar silencioso, acenda uma vela e leia o Salmo 23 em voz alta. Com certeza, a oração após o banho é tão efetiva quanto o próprio banho. E você deve orar sempre por proteção contra o mau-olhado.

Banho de Descarga

Tanto na tradição cigana quanto na afro-brasileira, o tabaco vem sendo utilizado para a descarga de energias muito pesadas, que devastam mesmo a pessoa. Tais energias, às vezes, são direcionadas para você através de magias, encantamentos e pragas ou simplesmente você as captura dos ambientes pesados que visita. Recomendo este banho de descarga energética, pouco utilizado, mas de grande reputação entre os magos.

Ingredientes
- 5 cm de fumo de rolo
- 1 copo de vinho tinto doce ou seco (em último caso)
- 7 pedras grandes de sal grosso natural (sem tratamento químico)
- Água fervente
- 1 vela branca comum
- 1 incenso de limpeza ou defumador

Coloque dois litros de água no fogo, quando estiver fervendo apague o fogo e coloque dentro da vasilha com a água o fumo, as pedras de sal e o vinho. Deixe repousar por 2 horas. Acenda a vela branca e faça os pedidos de proteção e limpeza para seu anjo guardião. Acenda o incenso. Em seguida, tome seu banho habitual e, em seguida, acrescente mais água ao banho que é extremamente concentrado e, com o chuveiro desligado, derrame sem pressa sobre o corpo a mistura do banho previamente coada. Dirija uma prece sincera ao Universo para sentir seu corpo astral sendo limpo e liberto de qualquer influência maligna. Permita que a mistura do banho escorra do corpo, enxugue-se apenas nas partes do corpo onde se sinta mais incomodado e vá dormir. No dia seguinte, banhe-se com água e mel, após o banho de higiene. Basta acrescentar 5 colheres de mel a 5 litros de água e misturar bem, antes de derramar no corpo.

Capítulo 2

Magia com Velas

Luz para Todos os Momentos

Faltou energia elétrica? Lá está a vela, o recurso mais singelo para dissipar a escuridão. Alguém faz aniversário e lá está o bolo, personagem principal da festa, enfeitado com uma ou mais velas para comemorar mais um ano de vida. Jantares, recepções e cerimônias de casamento, batizados e tantos outros momentos são sempre presenciados pelas luzes das velas. No Ocidente, é costume acender as velas de aniversário. Elas são no ambiente da festa, a única fonte de luz a desenhar silhuetas e encantar os olhos do aniversariante, desejosos de felicidade, antes de servir o bolo. Nas cerimônias de batismo católico, a vela representa o pedido de iluminação e proteção que é feito por todos, a Deus. Na primeira comunhão encontramos cada criança com sua vela acesa, renovando votos do batismo e da consagração.

26 | Segredos da Magia

Os ciganos também utilizam as velas em suas cerimônias tradicionais. As velas do nascimento e as do juramento são sempre brancas ou têm a cor natural da cera de abelha.

Em tempos remotos, era costume acender uma chama assim que uma criança nascia. Além das outras velas ou chamas que iluminavam o ambiente, esta chama especial era mantida acesa com o objetivo de afastar as vibrações nem sempre positivas, trazidas pelos adultos, e que poderiam afetar o recém-nascido e sua mãe. Além disso, estas velas representavam a alma que encarna na Terra para mais uma jornada e também a presença da centelha divina. Os antigos ensinavam que a presença do fogo, numa ocasião tão especial, tinha o poder de atrair bênçãos de Deus e de saudar a presença do anjo da guarda.

Entre os latachos (grupos ciganos viajantes), quando nasce uma criança se acende o fogo diante do acampamento. Porém, como muitas famílias ciganas vivem em casas, atualmente, a vela é acesa para saudar a presença do novo integrante da família, pedir a Deus por sua proteção, agradecer-Lhe pela vida do bebê e saudar o anjo guardião.

Nas cerimônias ciganas de casamento, como em todo ritual, existem elementos espirituais de grande força energética que o presidem e ajudam na concretização de seu principal objetivo: unir duas almas na Terra para o cumprimento de uma missão comum – formar uma família. A vibração do fogo ajuda a dissipar as formas de pensamento de inveja e infelicidade que algumas pessoas possam dirigir ao novo casal no momento da cerimônia. A finalidade das velas de casamento é gerar energia de proteção para os noivos, com as bênçãos que são solicitadas para eles. Mesmo quando as cerimônias são realizadas fora das igrejas ou templos, é muito benéfico acender pelos menos duas velas, mesmo que decorativas, com esta intenção.

Nos jantares e em outras festividades as velas decorativas são colocadas em diversos castiçais espalhados pelas mesas. Devem ser acesas antes que o primeiro convidado esteja servido. O melhor é que as chamas não ultrapassem a altura dos olhos dos convidados. Por isso, muitos decoradores preferem utilizar modelos em formas de cubos ou cilindros de até vinte e cinco centímetros. Nessas ocasiões, as velas dão um toque de intimidade sutil e são acesas em nome da amizade, da harmonia e da união entre os convidados.

Nos funerais, as velas são utilizadas para dar paz e conformação ao morto, no que diz respeito à sua mudança de plano. Alguns místicos dizem que elas formam uma trilha que facilita a desencarnação, que leva o espírito à presença de Deus. Na verdade, este processo é bem mais lento do que se imagina. Durante dias, o espírito do falecido passeia por lugares que lhe foram mais significativos, revendo amigos e parentes amados. A luz das velas acesas, com a intenção de proteger o espírito do morto, atrai a presença de uma egrégora que o ajudará a se libertar das coisas terrenas.

Já os ciganos, durante seus ritos fúnebres, costumam construir uma miniatura de barco na qual são colocados uma moeda, um pão e uma vela acesa. Esta simbólica homenagem é colocada num rio para que o espírito do morto possa seguir a luz até sua chegada ao mundo espiritual. A moeda é para pagar o canoeiro espiritual que conduzirá o barco do falecido. Depois desta homenagem, algumas reuniões familiares se seguem, até que se complete um ano da morte de nosso parente. Estas reuniões são chamadas de Pomana.

Do mesmo modo que nas Pomanas, os ciganos também acendem velas para selar um juramento. Diante de seu tribunal (Kris Romai), aquele que tem que prestar um juramento deve segurar uma vela com a mão direita, e não deve haver nada amarrando seus cabelos ou roupa. Se houver, estes nós são desatados, para que não seja anulado o juramento. O fogo simboliza a luz da verdade e a presença de Deus. O movimento que a chama da vela realiza também tem seus significados secretos.

No Judaísmo, as velas do belo Chanucá (fala-se "ranucá"), celebração judaica para lembrar a vitória dos judeus sobre os gregos, são, por oito dias consecutivos, dispostas num candelabro de nove braços, diferente da Menorá (o candelabro de sete braços). Elas simbolizam a fé e a luz espiritual. Do mesmo modo, as velas também estão presentes nas demais cerimônias judaicas, bem como em todas as festas sagradas.

Menorá

Chanucá

E no fim da tarde de sexta-feira, as velas do Shabbat são acesas no lar judeu para marcar o início do descanso. Segundo a tradição judaica, o Shabbat assinala o último dia da criação do mundo, quando Deus descansou de sua grande obra. No céu apareceu a primeira estrela, a primeira luz. No lar, as velas são acesas assim que surge a primeira estrela no céu. Apenas as mulheres acendem as velas do Shabbat. As casadas acendem duas velas em dois castiçais independentes. Se houver meninas em casa, cada uma delas acenderá a sua vela. Depois, recitam-se as preces que agradecem a Deus pela criação e pelo descanso.

Magia com Velas

As velas são simplesmente mágicas, e desde sempre têm sido utilizadas para iluminar. Comparadas à luz do conhecimento, transformaram-se num símbolo místico de iluminação espiritual.

As velas são como um traço de ligação físico e energético entre o mundo Cósmico e o material. São, no momento de todos os rituais, pensamentos e intenções materializados, que se valem do poder do elemento Fogo para criar imagens mentais e transformá-las em realidade.

As Cores das Velas e Suas Vibrações

Na magia com velas é muito importante saber utilizar bem as cores, porque cada uma tem uma vibração diferente, capaz de facilitar a emergência do pedido ou do agradecimento que é feito às forças celestiais.

Do mesmo modo que as cores, os óleos usados na unção das velas também têm o objetivo de acelerar o atendimento dos pedidos. Em magia, todos os detalhes e todos os ingredientes utilizados num ritual devem ser estudados antes de se proceder à realização do mesmo.

A materialização da magia, com utilização de ingredientes (vela e essências aromáticas), tem uma ótima repercussão no mundo astral, pois ele responde a tudo que lhe é ofertado e que tenha relação com os sentidos humanos.

Praticamente, todas as pessoas podem realizar magias com velas. Não existe, para isso, qualquer pré-requisito ou iniciação especial. Mas é muito importante estar bem certo do que se pretende alcançar com esta magia tão simples e inocente como é a magia com velas, já que o poder energético que a magia aciona pode ser maior do que o que você espera.

O principal ingrediente de todo ritual é a intenção daquele que o realiza. Antes de pensar em satisfazer um mero desejo, coloque-se no lugar das pessoas que podem ser atingidas com sua magia, sem que o queiram. No entanto, não é proibido fazer magia para se proteger deste ou daquele malfeitor. E a magia que realizamos com velas a fim de buscar no Cósmico a proteção contra roubos é eficaz e valiosa.

Deve-se ter cuidado com aquilo que se deseja obter através de procedimentos mágicos. Portanto, é aconselhável jamais iniciar um ritual, sem antes avaliar friamente todas as possíveis consequências de seu sucesso e de insucesso também.

A Energia das Cores

As sete principais cores do arco-íris, visíveis a olho nu, são: amarelo, coral, vermelho, verde, azul-claro, azul-escuro e violeta. E possuem dois aspectos, sendo um positivo e outro negativo, além de representarem as vibrações dos astros que regem os signos zodiacais. No entanto, existe também uma gama secundária de cores que pode ser, na maioria dos casos, desdobramento das sete cores do Arco-Íris.

As vibrações das cores utilizadas nos rituais com velas

- Amarela: alegria, coragem, comunicabilidade, riqueza material, fartura, clareza mental, criatividade, inteligência e intelectualidade. Sucesso com lucros e reconhecimento público.
- Coral: progresso material, serviço ao próximo e à espiritualidade, riqueza material, criatividade, saúde e alegria.
- Vermelha: energia vital, força, vigor, sexualidade fortalecida, paixão, exuberância, vitória e estímulo.
- Verde: tranquilidade, repouso, recuperação, vitalidade, fertilidade, equilíbrio, vida.
- Azul: calma, serenidade, fidelidade e sinceridade. Inspiração, transcendência, intuição e verdade. Amor devocional.
- Violeta: acalma, favorece a meditação e o relaxamento físico. Dissipa a depressão e a insônia.
- Púrpura: elevação, sucesso, prestígio social, realização dos desejos mais profundos e elevados. Sabedoria, espiritualidade, dignidade.

32 | *Segredos da Magia*

- Marrom: segurança, lucros com o trabalho, propriedades, terra, solidez. Praticidade e raciocínio baseado na lógica e não na emoção.
- Negro: no vestuário, proteção e isolamento. Nos rituais de Lilith, afastamento e proteção.
- Branca: pureza de espírito e de pensamento; tudo o que há de belo e bom; inocência; corpo e alma imaculados, sinceridade, paz, modéstia e simplicidade.
- Prateada: abre as portas do mundo astral e atrai a presença realizadora de Deus, através de Seus mensageiros.
- Dourada: para evocar e estar em companhia de seres de luz. Vela especialmente usada para os rituais de prosperidade.

Propriedades dos Óleos Aromáticos

Os óleos aromáticos possuem a propriedade de intensificar o valor energético das velas.

- Absinto: ajuda a invocar entidades espirituais. Também se recomenda para ativar a sexualidade adormecida pela depressão psíquica.
- Alecrim: é excelente óleo de proteção contra magia. É calmante e ajuda a tonificar o músculo cardíaco.
- Alfazema: recomendado para proteção das crianças. Não deve ser usado por quem é ou pretende ser sexualmente ativo.
- Almíscar: estimula as funções sexuais, a autoconfiança, a extroversão e a força de vontade.
- Canela: revitaliza a energia da aura. Cura e fortalece.

- Cânfora: usado para estimular poderes ocultos de natureza psíquica.
- Cedro: usado para afastar energias negativas emanadas pelos fantasmas energéticos.
- Eucalipto: usado contra a angústia e a apatia. Tem boa reputação como protetor energético.
- Jasmim: para receber bênção, proteção e sorte. É usado como óleo ritualístico.
- Lavanda: acalma e purifica.
- Lírio: usado para harmonia e atração.
- Lótus: estimula a fertilidade. Atrai amor e sorte. Bom para cura.
- Mirra: óleo de unção sagrado, para meditação, bênção, proteção e cura.
- Patchouli: usado para afastar o mal e a negatividade. Facilita as separações. Não pode ser usado por quem deseja manter um relacionamento íntimo feliz.
- Rosa: harmonia. Induz pensamentos amorosos. Óleo de unção para objetos simbólicos.
- Sândalo: essência espiritual para cura, meditação e regressão a vidas passadas.
- Verbena: estimula a atividade mental, afastando a negatividade e as más vibrações.
- Ilangue-Ilangue: é afrodisíaco e tem a propriedade de expandir a energia do ambiente.

Fazendo Magias com Velas

Para ter um Novo Amor

- 2 velas vermelhas
- 1 vela branca
- 1 pedaço de papel vermelho
- 1 lápis
- 1 ímã

No período da Lua Nova para Lua Crescente, desenhe um coração no pedaço de papel. Você pode copiar o formato de um desenho qualquer. Pode medir de 5 cm a 10 cm de altura. Escreva no meio do coração um agradecimento pelo encontro de um namorado com as qualidades que você imagina encontrar num homem. Escreva algo como: Sou grata aos ciganos encantados e a todos os mestres por encontrar um amor verdadeiro, com quem posso compartilhar esta existência por sua lealdade, desejo e sinceridade. Assim é! Em cada lado do coração, acenda uma vela vermelha e na ponta inferior acenda a vela branca.

No meio do coração coloque o ímã. Depois que as velas queimarem completamente, enrole-o no coração e leve-o em sua carteira ou bolsa. Boa sorte!

Para Unir um Casal

- 7 velas das cores do arco íris (vermelha, laranja, amarela, verde, azul-claro, azul-escuro e violeta)
- 50 cm de fita rosa de qualquer largura
- Meio litro de mel puro
- 1 tigelinha de louça ou metal
- 1 maçã vermelha bem bonita

Corte a maçã no sentido transversal, de modo que revele uma estrela formada pelas suas sementes. Retire esta parte, fazendo com a faca um buraquinho em cada metade, onde você vai colocar os nomes de cada uma das pessoas que formam o casal seja homoafetivo ou heterossexual; a energia do amor é assexuada. Derrame um pouco de mel nas cavidades e una as duas partes da maçã. Amarre a fita vermelha e dê um laço. Coloque a maçã na tigela e cubra tudo com mel. Em torno da tigela, acenda as velas.

Depois de 3 dias, enterre esta maçã num campo ou num jardim. Se for muito difícil ir a um campo ou jardim, providencie um vaso e plante uma muda de bambuzinho (bambu japonês) e cuide bem da planta.

36 | *Segredos da Magia*

Para Melhorar o Movimento de uma Casa Comercial

- 1 vela amarela
- 2 velas verde
- 1 vela branca
- 1 vela verde
- 1 vela preta

Acenda a vela preta e deixe queimar por alguns instantes. Para gotejar a vela de preto, basta deixar pingar a parafina derretida da vela preta sobre a vela verde. Faça um quadrado com as velas amarela, verde, branca e verde gotejada de negro para inibir a vibração de inveja e ciúmes. No centro do quadrado, uma figa de madeira escura ou de ouro. Faça uma oração pedindo aos santos de sua devoção e àqueles que favorecem as urgências e o comércio que interceda junto a Deus, em nome de Jesus Cristo, para que sua graça seja alcançada. Sugerimos que você se lembre de Santa Sara e Santo Expedito, caso haja urgência na solução do seu problema.

Para Melhorar a Saúde

Na primeira noite de Lua Minguante de qualquer mês, faça um círculo com uma vela verde gotejada de vermelho, uma vela preta gotejada com vermelho e uma vela laranja ou dourada, ungidas de cima para baixo com óleo de sândalo. Você pode dizer assim: "Eu, fulano de tal, humildemente me coloco diante de Deus e de Seus mensageiros para pedir que seja restabelecida a minha saúde física. Que eu tenha resignação para passar por esta fase e a certeza cada vez mais forte que a minha fé me conduzirá à saúde que tanto preciso restabelecer. Assim será feito."

Você também pode fazer este ritual para outra pessoa, desde que tenha a permissão dela, pois a energia do desejo do outro é muito importante para o sucesso de seu ritual.

Para Harmonizar a Relação Afetiva

Sabemos que qualquer relacionamento está sujeito a crises. Este é um ritual para ser realizado em três dias seguidos, quando a Lua estiver Crescente. Você vai precisar de duas velas, uma verde e outra rosa, para cada um dos dias. As velas são ungidas com óleo de rosas. No primeiro dia, fixe as velas ungidas em dois castiçais a uma distância de 30 cm. No segundo dia, diminua a distância para 15 cm. E no terceiro dia junte as velas em um único recipiente (prato ou travessa), coloque em torno das velas os nomes do casal escrito a lápis. Derrame sobre este papel uma mistura de mel puro de abelhas e pétalas de rosas cor-de-rosa ou chá. Enquanto prepara o ritual, cultive em sua mente as melhores imagens de vocês dois. Procure reconhecer as qualidades do (a) parceiro (a) e a presença importante em sua vida.

Leia algum trecho do Cântico dos Cânticos que mais lhe chame a atenção e reflita sobre a passagem bíblica. Energize seu chacra cardíaco com óleo essencial de rosas ou lírio. Faça uma prece sincera, pedindo tudo o que desejar de bom aos anjos guardiães. Mas, atenção: harmonizar a relação amorosa não quer dizer escravizar o outro a seus próprios caprichos. O mais importante para a felicidade de ambos é a aceitação mútua e a disposição verdadeira de ceder, calar, transformar maus hábitos e enaltecer qualidades que ambos devem ter para valorizar o amor.

Capítulo 3
Magia com Cristais

Os cristais são seres de luz que guardam uma memória milenar energética capaz de afetar toda a nossa atmosfera e alterar estados de ânimo dos seres vivos. Usados nos tratamentos e rituais, devem ter bom aspecto, não possuir defeitos que alterem a energia primordial da pedra.

O principal uso dos cristais nos rituais mágicos objetiva reequilibrar forças e harmonizar energias. E nada mais eficaz que a utilização desses seres de luz diretamente sobre os sete principais centros energéticos do corpo humano, também conhecidos por chacras.

Esses centros de energia são como válvulas abertas que trocam a energia que emerge da terra em direção ao cérebro, despertando cada centro de energia que fica, na verdade, alinhado ao longo da coluna vertebral e na cabeça.

40 | *Segredos da Magia*

Contam os indianos que a deusa Shakti é quem baila de chacra em chacra para despertar o deus Shiva com seus movimentos harmoniosos. Ambos os deuses simbolizam a harmonia e a iluminação do ser espiritual humano em sua dualidade masculina e feminina. Assim, quando o bailado da deusa se inicia, estamos no primeiro chacra, no despertar da Kundalini, a serpente de energia que passeia e evolui pelos chacras, para se unir grandiosa à energia do Plano Espiritual, através do chacra coronário, que fica bem no alto da cabeça.

A Grande Viagem da Serpente de Energia pelos Chacras do Corpo Humano

A viagem pelos sete principais pontos de energia do corpo humano começa no primeiro chacra, que em sânscrito é chamado Muladhara que quer dizer fundação, base, raiz.

Primeiro Chacra

Tem seu ponto primordial exatamente entre a genitália e o ânus. Mas a sua área de abrangência é a mesma da região correspondente aos órgãos internos do aparelho excretor.

Sua principal função é a ligação da energia telúrica com o corpo. É a porta de entrada desta energia e por isso rege nossos instintos, nossas sexualidade e agressividade.

Qualquer disfunção deste canal energético desequilibra o nosso corpo, bloqueia ou descontrola a nossa sexualidade e nossos impulsos mais naturais.

Muitas vezes, tais bloqueios geram dor, mesmo que não haja qualquer mal-estar físico.

Mas, a utilização correta dos cristais nesta região, que ocupa todo o baixo-ventre, pode nos ajudar e muito. Antes, deveremos limpar e programar o cristal que queremos utilizar neste capítulo. Depois, observar na ilustração da página 57 a área corporal de abrangência deste chacra e seguir os exercícios.

Mas cuidado! Se você estiver sofrendo de algum mal físico, o cristal, sozinho, pode não restabelecê-lo. É imprescindível o acompanhamento médico. O efeito do cristal, nestes casos, é de auxiliar no restabelecimento e confortá-lo emocionalmente.

Cristais do Primeiro Chacra (Muladhara)

- HEMATITA: tem a qualidade de estabelecer um elo entre a essência vital das energias mais fortes do plano terrestre. Fortalece a coragem e a vontade, revitaliza o fluxo sanguíneo. Mantém os corpos sutis ligados aos corpos terrestres, harmonizando a relação entre ambos.

- GRANADA: proporciona a revitalização dos desejos sexuais. Aumenta a energia física, a autoconfiança, impulsiona mudanças rápidas. Ajuda doentes renais que sofrem com cálculos.

Obs.: A granada jamais deve ser utilizada em brincos ou colares, principalmente se quem os usa tiver um temperamento explosivo e impetuoso. Com a granada, essas qualidades ficam mais evidenciadas, o que pode prejudicar a convivência da usuária com outras pessoas e alterar o seu estado físico, causando irritabilidade, dores de cabeça e taquicardia.

42 | *Segredos da Magia*

Segundo Chacra

Centro de energia do Chacra Umbilical. Svadisthana é o seu nome em sânscrito, antiga língua indiana e significa "Morada do Ser". É o ponto que a Kundalini atinge, onde a deusa Shakti desperta o desejo sexual e a troca emocional com Shiva. Neste ponto, temos o centro das emoções humanas. Aspectos emocionais que vão da alegria à inveja. Capacidade de fantasiar a realidade e de ter fantasias sexuais.

Está localizado na direção da primeira vértebra lombar, no baixo-ventre, e abrange o aparelho sexual e reprodutor do homem e da mulher.

Cristais do Segundo Chacra (Svadhisthana)

- CALCITA LARANJA: usada no trabalho de realinhamento de energia da Kundalini no segundo chacra. A calcita laranja aumenta a energia criativa e aumenta a energia sexual. Facilita as expressões emocionais e aumenta a autoconfiança. Ajuda a tratar problemas causados pelo descontrole emocional. Auxilia na produção do leite materno.

- PEDRA-DA-LUA: aumenta o nível de consciência emocional do homem. Realiza uma conexão com a Lua e o aspecto feminino da natureza emocional. Propicia a expansão das emoções.

Para as mulheres é uma valiosa aliada durante as flutuações dos ciclos menstruais.

Para homens, é auxiliar no equilíbrio de sua natureza feminina (sensibilidade, intuição, clarividência, mediunidade).

É auxiliar no tratamento da hipertensão, problemas hormonais femininos e masculinos, desintoxicação, dor de cabeça, febre e tosse. Harmoniza a mulher durante a gravidez e o parto.

- Na Lua Cheia: melhora o aspecto físico, favorece o amor.
- Na Lua Minguante: ajuda a aumentar a clarividência.
- Na Lua Nova: aumenta o dom da premonição.
- Na Lua Crescente: aumenta a fertilidade e favorece as relações sociais.

Terceiro Chacra

Está localizado a aproximadamente oito centímetros acima do umbigo.

É o centro de energia que chamamos de Plexo Solar e que em sânscrito é conhecido por Manipura, que significa "Cidade das Gemas".

O Plexo Solar é o centro de energia do corpo humano que está diretamente ligado à glândula pâncreas. Esta glândula é a responsável pelo controle da vida emocional, pelo fogo digestivo e pela digestão física. Aqui se concentra toda a energia de que dispomos, para fazer valer a nossa personalidade, nossa força de vontade, a certeza e a lucidez do que se quer e do que se é na vida. Por isso, o Plexo Solar reflete a afirmação do Ego. E também expressa a nossa aceitação pacífica do que somos e da missão que temos no Universo.

Cristais do Terceiro Chacra (Manipura)

- CITRINO: ajuda a nos livrar de medos e pesadelos, afastando toda a sensação de autodestruição. O citrino é a pedra que reflete o poder solar. Por isso fortalece a vontade, a vitalidade, nos ajudando a ter poder físico, autoconfiança e senso de direção e discernimento.
Favorece os lucros e todas as atividades que geram dinheiro e fartura.
Auxilia no tratamento de males digestivos e problemas respiratórios causados pelo diafragma, rins, pulmões, fígado, bexiga, deficiências nutritivas, inapetência, diabetes e problemas causados pelas glândulas endócrinas.

- ÂMBAR: o âmbar é uma excreção do cachalote, um animal marinho parecido com a baleia. Não é, portanto um cristal de rocha. Mas, como passou pelo processo natural de petrificação é considerado um poderoso aliado do homem no fortalecimento dos órgãos digestivos, das glândulas endócrinas, cérebro, tecido neurológico e ouvido interno.
Nas infecções respiratórias, ajuda a equilibrar o organismo e a diminuir o incômodo das inflamações, causadas pelos vírus.
Favorece a memória, a coragem de tomar decisões. É um amuleto contra a negatividade e a falta de dinheiro. Aumenta o prazer carnal e ajuda a combater a impotência.

Quarto Chacra

Este é o centro de energia que está localizado na altura do coração. Além da área de abrangência deste chacra ter correspondência com o coração, ela se estende até as palmas das mãos, como uma extensão de cura e expressão deste centro de energia. A glândula Timo está na altura superior da caixa torácica, e é a glândula que tem relação com o Chacra Cardíaco. Uma disfunção deste chacra pode ser decorrente de problemas hormonais provocados pela glândula Timo, que é a glândula do crescimento e da juventude eterna.

O Chacra Cardíaco está bem no meio dos outros chacras. É, portanto, o transmutador de energia entre os chacras espirituais (5, 6 e 7) e os materiais (1, 2 e 3). Centro de todo o sistema e da própria Kundalini, o Chacra Cardíaco é a força motriz do Amor Cósmico e a expressão do Amor Cósmico e a expressão do amor em sua máxima plenitude, desapegado e livre das ilusões e das aparências.

Equilibrado, o chacra cardíaco intensifica o poder de realização de todos os desejos humanos, controlando os sentidos e permitindo que a pessoa flua livremente sem obstáculos. Fé, devoção, arte devocional, harmonia, inspiração e otimismo são reservas dos domínios do Chacra Cardíaco.

Cristais do Quarto Chacra (Anahata)

De todas as pedras, uma das mais populares é o Quartzo Rosa, que até o mais distante dos leigos reconhece como a pedra do amor. Além desta, o verde do Quartzo, da Esmeralda e da Turmalina Verde e Rosa (melancia). Todas as pedras rosa e/ou verde pertencem a este chacra.

- QUARTZO ROSA: na verdade o quartzo rosa favorece o amor próprio, a aceitação do outro, ajudando-nos a expressar a ternura. Inspira as artes e estimula a imaginação.

  É ele que nos alivia das mágoas que se perpetuam no coração. Falta de estímulo para o amor, falta de satisfação das necessidades emocionais básicas, baixa autoestima e desamor podem ser superados com a ajuda do quartzo rosa nos exercícios de rearmonização dos centros energéticos do corpo.

  Ajuda no tratamento do stress, enfermidades do aparelho circulatório e respiratório, fígado, rins, ovários e doenças venéreas.

- QUARTZO VERDE (Aventurina): o quartzo verde acalma e tranquiliza a mente e o coração, revitalizando as forças físicas. É utilizado para dar conforto ao coração, fazer cessar a taquicardia e restabelecer o equilíbrio emocional.

  Fortalece ainda a visão e o sangue. E ser for utilizado nos cremes para a pele, potencializa o seu efeito rejuvenescedor e curativo.

  Auxilia as pessoas a dominarem a ansiedade e o medo, favorecendo a alegria e a clareza de raciocínio.

Quinto Chacra

Este é o primeiro dos três chacras espirituais. Aqui, a deusa Shakti começa a segunda parte de seu bailado, na intenção de harmonizar-se com o deus Shiva. Para isso, atribui a este centro energético o poder de expressar os sentimentos e as emoções. O chacra Laríngeo, em sânscrito, é conhecido por Vishuddha, que significa Puro.

Sua área de abrangência corresponde ao plexo da carótida, nuca e garganta. A glândula desse chacra é a Tireoide.

Este chacra rege os atributos da comunicação verbal e, portanto, a capacidade de expressão daquilo que desejamos, precisamos, através da palavra. É o centro energético que favorece a clariaudiência, a memória, o juízo correto e a consciência de nossa tarefa na Terra.

Cristais do Quinto Chacra (Vishuddha)

O quinto Chacra domina o conhecimento e a purificação do plano humano (quatro chacras inferiores) no Cósmico. É a manifestação do Mestre, do Guru. Uma de suas pedras é a Turquesa.

- Turquesa: a turquesa é a pedra do equilíbrio das emoções. Estabelece clareza na comunicação, favorecendo a confiança na própria habilidade para comunicar-se. Auxilia as pessoas a criarem atalhos, cheios de imaginação e criatividade, para estreitar a distância entre as outras e resolver problemas aparentemente insolúveis.

  Tem a reputação de ser a pedra que protege contra vibrações maléficas do ambiente. Favorece o sucesso,

48 | *Segredos da Magia*

a sorte, a alegria de viver, a cura, a amizade e a leveza de pensamento. É recomendada como amuleto para aqueles que percorrem caminhos perigosos e difíceis. Protege contra a ação de produtos químicos, ajudando a eliminá-los com mais rapidez e eficácia.

Quando a turquesa altera a sua tonalidade, eis aí um aviso: cuide da sua saúde e previna-se contra a ação de pessoas perversas.

É utilizada no auxílio às enfermidades imunológicas e cardíacas. Auxilia também no tratamento das doenças da garganta, nuca e pescoço, olhos e narinas; músculos e deficiências nutricionais. Ajuda na proteção contra radiações.

Sexto Chacra ⟪3⟫

Este é o centro de energia do corpo ligado diretamente à Terceira Visão. O ponto entre as sobrancelhas. Em sânscrito, o seu nome é Ajna, que quer dizer autoridade, comando. Embora seu ponto principal seja entre as sobrancelhas, abrange também a área da testa.

Seus principais atributos são a clarividência (Eu vejo Deus claramente em todas as coisas e seres vivos), e a visualização de imagens que, uma vez na tela mental, fortalecem ideias criativas seguidas de ações adequadas para torná-las real. Realização plena.

Região que corresponde à glândula Pituitária. É nela que se concentra a energia da verdadeira consciência da felicidade, que os indianos chamam de Sat-Chit-Ananda. A revelação do Ser Divino Interior, o Mestre Espiritual de cada um de nós, se dá a partir da energização e compreensão deste chacra.

Com o sexto chacra equilibrado com os demais, o homem consegue ver além das aparências. Consegue ver com os olhos da alma e assim viajar nas dimensões do passado, presente e futuro.

Cristais do Sexto Chacra (Ajna)

- LÁPIS-LAZÚLI: é uma das mais importantes pedras do Sexto Chacra.

  O uso desta pedra nos exercícios de harmonização purifica a mente, prepara a alma para livrar-se do passado. Auxilia no desenvolvimento do poder intuitivo e mental, possibilitando a livre expressão da força espiritual.

  O lápis-lazúli fortalece o poder da irradiação da vontade. Todas as formas de companheirismo, coragem, cooperação são beneficiadas.

  É utilizado para o tratamento de doenças oculares, entorses, câncer, diabetes, incontinência urinária, nervosismo. Fortalece os vasos sanguíneos, o sistema imunológico, os órgãos dos sistemas respiratório e digestivo.

  Ajuda a aliviar a depressão, a nostalgia, o stress e a falta de autoconfiança. Favorece a revelação de emoções escondidas.

- AMETISTA: afasta a consciência do sentido egocêntrico. Incentiva a humildade, desprendimento e desapego da realidade para se aproximar do estado verdadeiro da mente superior. É conhecida entre os místicos como a pedra da morte e da aceitação da vida.

  É utilizada com sucesso nos exercícios de desenvolvimento da autodisciplina, no desenvolvimento espiritual. Ajuda a desvendar as mensagens dos sonhos.

Elimina o medo, a ansiedade, o desgosto, o desamor, e faz com que nos sintamos mais próximos do Ser Infinito.

É recomendada como auxiliar nos tratamentos do sistema nervoso e de todas as patologias a que dá origem. Ajuda no tratamento de alcoolismo, colocada no ponto sobre o umbigo; no tratamento de insônia, na produção de hormônios, na coordenação motora, na hipoglicemia, doenças venéreas e daltonismo.

Sétimo Chacra

O Chacra Coronário é o sétimo centro de energia do corpo humano e tem, em sânscrito, o nome de Sahasrara, que significa De Mil Pétalas. Também conhecido como o Centro da Coroa é, para os indianos, o Portão de Brahma, a Lótus de Mil Pétalas, o Portal da Luz.

É através do sétimo chacra que conseguimos a União definitiva com Deus. Eu sou Deus, a integração de todo o ser físico, mental, espiritual e emocional. É o êxtase da vida, quando todos os valores materiais passam a ser definitivamente assunto do mundo terreno. Estamos, no sétimo chacra, na plenitude da luz, em pleno tempo de amar.

Nos três chacras inferiores, conhecemos o tempo de ter. No quarto chacra, o tempo de amar, e nos Chacras Superiores, o tempo de ser plenamente. Nenhum de nós viverá o tempo de amar sem antes ter conhecido os tempos de ser e de ter. É por isso que a plenitude absoluta do amor dificilmente é experimentada por aqueles que não transcenderam os limites da carne.

O sétimo centro de energia do corpo está localizado no alto da cabeça, no ponto que corresponde exatamente ao centro da mesma. A área de abrangência refere-se ao ponto da Glândula Pineal e rege os contatos do corpo físico com o Plano Espiritual. É o grande encontro de Shiva e Shakti, o êxtase da união da natureza humana.

Cristais do Sétimo Chacra (Sahasrara)

- QUARTZO BRANCO: atende a todos os propósitos de harmonização com o Chacra Coronário. Sua poderosa energia facilita e estreita a relação com entidades espirituais e o sentimento de divindade dentro de cada um de nós. O quartzo branco proporciona equilíbrio e iluminação, comprovando que o Plano Material pode ser tão perfeito que será capaz de reter e refletir a luz branca pura e cristalina, símbolo da perfeita harmonia com as Forças Cósmicas.
Usada com as demais pedras, amplia seus poderes. É utilizado em terapias para ajudar a modificar formas de pensamento, emoções. Ajuda na amplificação dos pensamentos. Aumenta o poder de concentração. Pode substituir qualquer outra pedra, seja em terapias físicas ou espirituais. O quartzo branco possui todas as cores do prisma e pode nos ensinar como energizar todos os sete chacras ao mesmo tempo, enquanto nos sintonizamos com a Luz Cósmica.
É um grande purificador de auras. Vibra a aura a uma frequência tão alta que facilita a dissolução e liberação das sementes cármicas. A aura se enche de energia e seu colorido é intensificado, o que possibilita sua visualização.

O quartzo branco é utilizado para todos os fins e contra todos os males. Harmoniza ambientes e pessoas, dispersando a negatividade no campo energético.

Notas Importantes

Muitas são as apresentações do quartzo branco, mas sugerimos algumas, que são fáceis de serem encontradas, para uso pessoal ou em ambientes.

- Drusas: são agregados de cristais de terminação única. A base de todos eles é uma só. É, na verdade, um pedaço da rocha, sem qualquer tratamento.
  É bastante útil na purificação de ambientes e para recarregar pedras usadas nos tratamentos com cristais (quando são colocadas diretamente sobre elas).

- Bolas de Cristal: usadas para fins de purificação e harmonização de ambiente. Emitem vibrações direcionadas em todos os sentidos. Devem ser límpidas, sem defeitos e rachaduras. Por mais que esses defeitos tragam a elas um efeito embelezador, é melhor que as bolas de cristal de quartzo branco ou de qualquer outro sejam perfeitas. Se não for assim, as bolas emitem vibrações horríveis de desarmonia. Alguns cristaloterapeutas consideram que as rachaduras e defeitos provocados prejudicam a fluidez de energia da pedra, tornando-a nociva. O mesmo conceito não é válido para as rachaduras normais, produzidas pela própria natureza.
  O melhor cristal para ser usado no corpo é aquele em estado bruto, sem sofrer rolamento. Os cristais que terminam em pontas naturais ou que contenham estrias, como o quartzo branco, a ametista, citrino,

turmalinas, topázios, água-marinha e kunzita, por exemplo, devem ser utilizados em sua forma natural, pois a energia dos mesmos flui no sentido de suas pontas e através das estrias. Por isso, se estas pedras sofrerem qualquer processo mecânico ou químico que altere sua natureza, o seu valor energético fica invalidado.

Vale ressaltar que a lapidação é a arte de iluminar a pedra. No entanto a pedra, mesmo lapidada, pode ser carregada ou não de força negativa, caso seja esse o estado de espírito do lapidador. Às vezes, acontece da pedra ser tolhida da energia que ela emite, quando a lapidação não respeita a direção de seus raios. Outra lapidação que não recomendo é a que mostra claramente algum defeito da pedra. Uma leve rachadura, uma pequena nervurinha podem causar muita desarmonia para quem usá-la. A pedra deve ser pura, límpida, perfeita. Nunca use uma joia cuja pedra não corresponda a estas características.

- PÉROLA: para os ciganos, as pérolas significam lágrimas. Na realidade, a pérola não é um cristal, mas sim o resultado de uma cristalização, que pode se dar por processo natural ou cultivado, no interior de uma ostra. As pérolas concentram em sua memória toda a história de vida de quem as usa. Portanto, jamais deve ser herdada por ninguém, pois a história pessoal que ela registra jamais é apagada de sua memória. Assim, as vibrações boas e ruins passam através da pérola, que sofre a influência da Lua, de uma pessoa para a outra.

Também nos anéis de compromisso jamais devem ser usadas pérolas, pois transmitem tristeza para a maioria das pessoas que as usam. Os fios de pérolas devem ser confeccionados com as peças mais perfeitas possíveis.

Cultivadas ou naturais, as pérolas defeituosas atraem energias desagradáveis para nós.

Cristais dos Três Primeiros Chacras

Todos os cristais dos chacras inferiores devem ser usados preferencialmente em joias: anéis, pulseiras e tornozeleiras. De outra forma, costumam alterar significativamente o humor das pessoas, deixando-as impacientes e irascíveis, mesmo que momentaneamente.

Você Comprou seu Cristal. E agora, como Limpá-lo?

A energia do cristal se desconcentra porque a pedra passa por muitas pessoas, até chegar a você. Além de empoeirada, a pedra está meio "cansada" de um trajeto tão complicado. Então, antes de usá-la é preciso que ela seja limpa e reenergizada. Esta preparação torna a pedra nossa aliada, nosso pontinho de energia e equilíbrio que nos escolheu para facilitar a nossa vida.

Numa vasilha com água filtrada ou mineral, coloque um punhado de sal grosso natural (comprado em lojas de artigos religiosos). Coloque as pedras cuidadosamente mergulhadas nessa solução durante 24 horas. Coloque a vasilha ao ar livre.

No dia seguinte, recolha as pedras, lave-as em mais água mineral e coloque-as em contato direto com a terra, entre plantas ou árvores, por mais 24 horas. Pode ser num canteiro, num vaso ou numa jardineira. Se a pedra que você esta energizando não for ametista, ela deve tomar sol.

No dia seguinte, recolha as pedras já limpas e energizadas, lave-as, se houver algum resíduo, e guarde-as para realizar a programação de cada uma delas.

Programando o seu Cristal

Sua pedra precisa saber o que ela pode fazer para ajudar você. Para isso é preciso programá-la. É preciso dizer o que você quer dela. Isso é simples e surpreendentemente agradável.

A programação deve ser feita para cada uma das pedras. Se a pedra for um cristal com ponta, colocamos sua base no centro da mão esquerda (área de abrangência do chacra cardíaco) e o cobrimos com a mão direita (também extensão do chacra cardíaco). Fizemos assim um círculo envolvendo nossa pedra. Repetimos, então, a nossa intenção para com aquele cristal. E dizemos, clara e diretamente o que desejamos dele. É claro que não se trata de uma ordem mental, mas de um pedido que parte de um ser humano para um ser cristalino. Repita o pedido da programação sete vezes. "Eu estou fazendo esta programação para (mim ou outra pessoa), contra qualquer tipo de energia maléfica, contra assaltos, contra vícios, contra agressões, contra a miséria, contra a doença, contra o desespero etc."

Se o seu filho desejar ter um pequeno cristal bruto (as crianças adoram as pedras), ensine-o a programar o próprio cristal. As crianças, principalmente as menores de oito anos, têm facilidade muito grande para expressar o que desejam das pedras e de seus Anjos da Guarda.

Outro tipo de programação: coloque a pedra sobre o Terceiro Olho e emita para ela, por várias vezes, o seu programa. Você escolhe o número de vezes que deve repetir o programa, conforme a vibração que a pedra lhe passar.

Para desprogramar um cristal, basta soprar-lhe o mesmo número de vezes que foi repetido o programa e colocá-lo em repouso na água com sal marinho ou grosso, por um período de até seis horas.

As drusas, bolas, placas, obeliscos também podem ser programados para proteger e energizar ambientes. Ao transformar uma dessas pedras em projetores de energia, é bom não interferir no livre-arbítrio do outro e tentar projetar nelas algo que lhe atenda à necessidade ou à vaidade. Essa atitude nos traz uma grande dívida Cármica, e nós estamos interessados exatamente no contrário.

Fazendo Magia com Cristais

Os cristais ou pedras nos emprestam energia e força no exercício de reequilíbrio energético do corpo.

Colocadas diretamente sobre o chacra que desejamos energizar, melhoram consideravelmente seu estado energético.

Após a limpeza e programação das pedras, poderemos dispô-las sobre os chacras, para rearmonizá-los e assim conseguir bons resultados como terapia auxiliar no tratamento de doenças físicas e psíquicas.

Nos rituais de Magia com as Velas, torna-se valiosa a utilização do cristal, que se carrega ainda mais de força, aumentando a carga vibratória da Magia que utilizamos para ter algum resultado prático material ou emocional.

Exercício:

Num ambiente tranquilo, coloque uma música suave e acenda um incenso adequado para o seu objetivo. Relaxe. Sinta a respiração por alguns minutos e concentre-se em todas as partes do seu corpo, uma a uma, da cabeça aos pés.

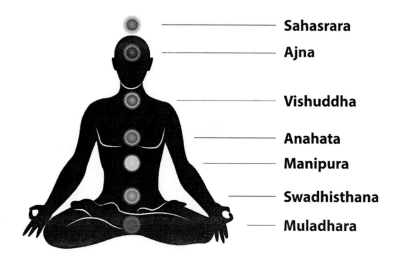

Coloque a pedra no ponto relativo ao Chacra. Viaje na energia de cada pedra e perceba todos os sinais que lhe são emitidos. Registre suas experiências, até conseguir bons resultados.

Dizem que são as pedras que escolhem seus donos e que elas têm grande prazer em doar-se. Por isso, se você perder o seu cristal, ou se inexplicavelmente ele sumir, fique feliz. A missão que ele tinha com você foi cumprida.

Magia para o Dia dos Namorados com Cristais

- Um cristal de água marinha rolada
- Um cristal de quartzo rosa
- 30 cm de fita vermelha de 1 cm de largura
- Uma vela vermelha comum
- Incenso de sua preferência

Ritual

Você deve lavar bem as pedras em água corrente. Em seguida, coloque as pedras juntes e amarre-as com a fita, dando várias voltas nessas duas pedras; feito isso, coloque uma foto da pessoa que você ama, acenda o incenso e a vela vermelha, então peça aos ciganos que protejam o seu amor e a Santo Valentim que abençoe o sentimento e o seu amor por aquela pessoa. Quando a vela terminar de queimar, junte às cinzas do incenso e o resto das coisas, nós as guardamos em um lugar bem escondido.

Capítulo 4
Magia com Sal

O Aspecto Místico do Sal

A palavra sal vem do grego "hals" e "halos", que tanto significam sal quanto mar. Na Roma Antiga, a principal via de transporte chamava-se "Via Salaria" ou "estrada do sal". Por essa via chegavam caravanas que traziam o sal para ser negociado na capital do Império. Em troca deste serviço, os viajantes recebiam o "salarium" – o dinheiro para comprar sal, uma quantidade do produto como pagamento de parte dos seus serviços.

O sal, então, tinha um valor econômico; era unidade monetária. A palavra "salarium" deu origem à palavra salário, que em latim significa ração de sal, soldo.

O Uso do Sal ao Longo dos Tempos

Na Antiguidade, o sal era usado pelos sacerdotes nas cerimônias mágicas, para afastar os demônios.

No Antigo Egito, o sal foi considerado um produto sagrado, sendo feitas oferendas de sal aos Deuses.

Os egípcios usavam igualmente o sal para desidratar e embalsamar o corpo dos faraós.

Para os hebreus, o sal era e ainda é símbolo da aliança entre Deus e o povo de Israel.

Os romanos o consideravam um símbolo de sabedoria, e por isso derramavam sal sobre os recém-nascidos para que não lhes faltasse sabedoria.

Gregos e romanos utilizavam o sal em seus sacrifícios, derramando um pouco de sal sobre a cabeça do animal a ser oferecido aos deuses para purificá-lo. Contraditoriamente, eles também consideravam o sal um símbolo de destruição e infertilidade, por isso os romanos espalhavam sal nas terras conquistadas: para que elas se tornassem estéreis para sempre. Era um sinal de perpétua desolação. Os Romanos usavam a expressão "trair a promessa e o sal" para mostrar o quanto doía a traição de um amigo.

A ausência de um saleiro ou o sal derramado no chão representava um presságio ruim.

Da prática ritualística dos povos mais antigos, bem como do povo hebreu, de salgar os sacrifícios oferecidos aos Deuses, surgiu uma superstição muito comum na Antiguidade: se o sal fosse derrubado na hora do sacrifício, seria sinal de má sorte.

No Cristianismo

Os judeus difundiram o poder purificador do sal, assim no ritual de batismo era colocado sal nos lábios dos recém-nascidos.

Porém, no século XVI, o sal foi abolido por Lutero no ritual de batismo da religião protestante. No entanto, o uso do sal perdurou no batizado católico.

Foi usado na liturgia religiosa dos batizados de forma a simbolizar a expulsão do demônio (purificação), sendo igualmente o sinal de sabedoria sobre o recém-nascido.

Na Idade Média

O sal foi usado pelos alquimistas como elemento entre o mercúrio e o enxofre, sendo essencial à transmutação de metais.

Era indispensável o uso do sal para afastar os maus espíritos, os demônios e as bruxas. Assim, derramava-se sal na chaminé da casa para impedir a entrada de demônios. Desta forma, comer alimentos sem sal era considerado altamente suspeito!

Proliferaram igualmente as superstições relativas ao sal, mantendo-se a superstição de que desperdiçar sal era mau agouro, era sinal de malefício. Nesta época, o sal separava senhores e servos, os que tinham dinheiro e os que não tinham.

A Última Ceia

Na obra de Leonardo da Vinci (1452-1519), "A última ceia" retrata um saleiro derrubado diante de Judas e apontando na sua direção.

Já naquela época dizia-se que se alguém entornasse sal, deveria pegar um pouco do que havia sido derramado e lançá-lo para trás do ombro esquerdo, para afastar o mal.

Os Árabes

Citam recomendações de Maomé para: "começar pelo sal e terminar com o sal; porque o sal cura numerosos males".

O Sal da Bíblia

O sal é citado inicialmente no *Antigo Testamento*, no Livro de Jó, escrito cerca de 300 anos antes de Cristo. Porém o sal é mencionado com bastante frequência no *Antigo Testamento*, seja no contexto prático da vida, seja simbolizando pureza, incorruptibilidade e fidelidade.

No entanto, no *Novo Testamento*, a referência ao sal é uma metáfora. No "Sermão da Montanha", Jesus diz aos apóstolos "Vós sois o sal da terra", comparando os discípulos ao que realmente dá sabor à vida. Os Livros de Mateus e Marcos fazem alusão ao sal como benesse da terra.

Para Gregos, Hebreus e Árabes

Para os gregos, hebreus e árabes o sal é considerado o símbolo da amizade e hospitalidade.

No Oriente Médio

Acredita-se que quando duas pessoas comem sal juntas, formam um vínculo. Por isso, usa-se sal para selar um contrato.

Em Marrocos

Joga-se sal nos lugares escuros para espantar os maus espíritos.

Em Laos e em Sião

As mulheres grávidas lavavam-se diariamente com água e sal, para se proteger contra as pragas, invejas e maldições.

Nos Países Nórdicos

Coloca-se sal junto ao berço das crianças, para protegê-las.

No Havaí

A pessoa que volta de um funeral derrama pequenas quantidades de sal sobre si mesmo, para garantir que maus espíritos que rondassem o defunto não a acompanhassem até em casa.

No Japão

Os japoneses têm o costume de depositar sal na soleira da porta de suas casas depois de alguém não desejado ter saído. O sal é considerado um purificador.

Os lutadores de sumô derramam sal no ringue para garantir que a luta seja leal.

Também se espalha sal no palco antes de uma apresentação para evitar que os maus espíritos joguem pragas sobre os atores.

No Esoterismo

O sal é amplamente utilizado, em vários rituais de magia, pois tem uma função purificadora, seja ele usado sozinho seja em conjunto com outros produtos.

Foi e tem sido usado no esoterismo e bruxaria para afastar as energias ruins e os maus espíritos.

64 | *Segredos da Magia*

Algumas Passagens Bíblicas

No "Livro dos Reis" do *Antigo Testamento*, são ressaltadas as qualidades purificadoras do sal. Porém, o sal também trazia desgraça: num dos salmos é relatado que Deus podia transformar rios em desertos e terra fértil em pântano de sal, como castigo pela crueldade dos seus habitantes.

E em Juízes: 9,44, Albimilech capturou a cidade de Shechem, matou as pessoas que ali se encontravam, arrasou a cidade e semeou-a de sal, e, ainda transformou a mulher de Lot em estátua de sal porque olhou para trás ao fugir de Sodoma e Gomorra, cidades destruídas pela ira divina.

Também no *Antigo Testamento* o sal era um símbolo importante da relação com Deus. Por isso, o sal devia ser colocado em todas as oferendas a Deus:

> *A vossa palavra seja sempre agradável, temperada com sal, para saberdes como deveis responder a cada um.* – *Colossenses: 4,6*

Como Utilizar o Sal Magisticamente

Agora que conhecemos os poderes do sal, podemos usá-lo em nossas magias para conseguirmos harmonizar ambientes e reequilibrar a nossa energia.

Limpeza Energética de Ambientes

Um copo de vidro com água e três pitadas de sal refinado, colocado atrás da porta de entrada do imóvel, é excelente filtro contra energias maléficas. A água deve ser trocada a cada semana.

Limpeza de Ambiente 2

Um breve ritual pode ser feito em qualquer fase da Lua, pois os poderes dos ingredientes não necessitam de energia auxiliar. Para isso você vai utilizar sal, álcool e fogo. Cuide para realizá-lo longe de objetos inflamáveis, cuidado para não derramar o álcool.

Utilize um caldeirão de ferro ou uma panela bem resistente, 150 gramas de sal grosso natural (geralmente é encontrado em lojas de artigos religiosos) e de 150 ml de álcool comum não hidratado. Use uma forma retangular grande sobre a qual deve ser colocado o recipiente.

Risque um fósforo dentro do caldeirão e deixe queimar até que o fogo seja extinto. Mantenha o local em silêncio e acenda um incenso de limpeza energética. Evite interferências, como telefonemas etc.

Diga: "Das chamas, nada vai sobrar, e todo mal, nela vai queimar." Repita três vezes este decreto e em seguida faça uma oração pessoal de agradecimento.

Limpeza Energética do Corpo

O banho de sal grosso é recomendado para eliminar o excesso de energia, e limpar a sua aura quando estiver saturada de energia densa. O banho com água e sal grosso a recompõe rapidamente, após o banho de higiene.

Derrame sobre o corpo a água com sal previamente preparado para não ter que interromper o banho. Dê especial atenção ao abdômen, pois aí se localiza o seu plexo solar, e é a área do seu corpo por onde é absorvida a maior quantidade de energia negativa. Tome um segundo banho de chuveiro para retirar o excesso de sal. Enxugue-se e vista-se preferencialmente com rou-

66 | *Segredos da Magia*

pas claras. Mais tarde, tome um banho de ervas (poejo, manjericão, alecrim ou eucalipto). É bom fazer este ritual uma vez por mês.

Banho de Sal e Arruda

Já mencionado anteriormente, este banho é indicado para descarregar energias negativas. Utilize-o quando tiver vários sintomas de excesso de peso espiritual, que se traduzem em fortes dores nas costas, insônia, indisposição, sonolência e dores de cabeça.

Numa vasilha grande, prepare o banho com água bem quente; queime um incenso para purificar o ambiente; junte três punhados de sal grosso dentro da água. O banho deve ser jogado do pescoço para baixo, com o auxílio de uma tigela menor.

Caso você tenha uma banheira, junte à água a mistura do banho. Deite-se na banheira e relaxe. Fique o tempo que quiser. Vai sentir aquele "peso" desaparecer. Tome em seguida o seu banho normalmente, você vai se sentir muito mais leve.

Sal para anular feitiços I

O que é preciso: 1 pano branco; 1 vela negra; 1 tigela de vidro; sal grosso; sal fino.

Na fase da Lua Minguante, coloque a vela fixada no fundo de uma tigela e ponha um pouco de água dentro. Acenda vela negra e diga 3 vezes: "Lua Minguante, Lua de partida, leve os feitiços de minha vida".

Depois coloque dentro da tigela, à volta da vela, um punhado de sal grosso e diga, 3 vezes: "Com o cristal de sal, que se desfaça o mal".

Depois, sobre o sal grosso, coloque o sal fino, e repita 3 vezes: "Sal sobre sal, calor com calor, aquele que me fez mal, que não sinta a sua dor". Deixe que a vela se consuma até o fim. No entanto, depois dela se apagar ficará um pedacinho. Esse pedaço, juntamente com o resto do sal, coloque dentro de um pano branco nunca antes usado e jogue fora, longe de sua casa.

Sal para Anular Feitiços 2

1. É muito simples, basta jogar sobre a peça do feitiço, (oferenda, vela, farofa, flor, charuto...) três punhados de sal grosso ou fino. Todo mal contido ali é neutralizado instantaneamente. O sal tem o poder de formar um círculo, uma barreira, que quebra um feitiço.

2. Você deve evitar um contato direto com o feitiço, portanto, proteja suas mãos, use luvas. Pegue as peças do feitiço e coloque dentro de outro saco, cubra tudo com mais sal grosso. Feche o saco e jogue-o de preferência: num lixão ou enterre num terreno baldio longe de sua casa ou jogue tudo na lixeira da rua.

Caso encontre algum líquido ou terra em seu quintal, o procedimento é semelhante:

I. Jogue três punhados de sal grosso no local, espere agir pelo menos por 30 minutos, depois recolha o sal sem tocar, coloque num saco e jogue no lixo da rua.

II. Faça uma solução de vinagre vermelho com sal grosso e jogue no local. Depois que o vinagre secar, você pode lavar o chão com água e sabão normalmente.

Amuleto com Sal para espantar energias adversas

Você vai precisar de um pedaço de tecido branco de 30x30cm, 7 sementes de romã; 7 sementes de melancia; 3 dentes de alho com casca.

Coloque todos os ingredientes dentro do tecido e dê-lhe 7 nós (3 com 2 pontas, 4 com as outras 2). Deixe este amuleto dentro de sua casa, num local discreto. Sua troca deve ser feita semestralmente.

Sal da Harmonia

Você vai precisar de uma vasilha bonita, sal grosso, pétalas de rosa seca, conchas do mar pequeninas, flores de hibisco e sementes de anis estrelado. Organize os ingredientes numa vasilha decorativa e deixe no ambiente principal onde deseja que haja sempre uma atmosfera de aconchego, harmonia, paz, amor e alegria. A medida de cada ingrediente fica a seu critério.

Atraindo o Sucesso

Você vai precisar de uma nota de qualquer valor, uma pequena pedra de pirita e um punhado de sal. Deixe a pirita imersa por 12 horas no sal, depois deste período segure a pedra firmemente e imagine a pedra vibrando em sua mão. Faça o seu decreto pessoal. Pode ser que você sinta uma leve tontura. Isto é normal. Agradeça à Gaia, à Mãe Terra. Em seguida, coloque a nota sob a pirita. Imagine o seu dinheiro chegando até você. Não importa como. Guarde tudo num lugar bem discreto até que você consiga a quantia desejada. Caso deseje refazer a magia, espere o período de 28 dias.

Proteção da Entrada

Você deve ter sal grosso, uma garrafa ou copo alto de vidro, água e 1 metro de fio de cobre. Então, preencha o recipiente escolhido com grosso até a metade. Depois complete com água filtrada até 2 centímetros da borda. Em seguida, coloque uma espiral feita com o fio de cobre, deixando três centímetros para fora do recipiente. Para fazer a espiral, use um lápis ou bastão que tenha um diâmetro menor que o da borda da garrafa ou do copo. Esta ponta de cobre funciona como uma antena para puxar as energias "densas" do local.

Esse recipiente deve ficar na porta de entrada do lado esquerdo de quem entra ou em cima de uma estante, no alto; ou atrás de um móvel. Use esta magia por um mês ou um pouco mais. Siga sua intuição, seu coração; depois disso pode lavar bem o fio e o frasco para usá-lo novamente. A água e o sal podem ser dispensados na pia ou no vaso sanitário. Essa magia é tão eficaz que você pode fazer sempre que sentir o ambiente carregado de vibrações adversas.

Taça da Prosperidade

Você deve separar alguns cristais, sal e uma bela compoteira. Realizar no período da Lua Cheia, nas mudanças das estações. Mas pode ser feita também no fim de ano. Planeje a melhor ocasião para fazer a sua taça da prosperidade.

Escolha:

- 1 pirita – para atrair ganhos materiais;
- 7 citrinos pequenos – símbolo da riqueza;
- 1 ponta de cristal branco – irradia paz e harmonia;
- 1 ametista – transmuta energia negativa em positiva;
- 1 lápis-lazúli – controla os problemas emocionais;
- 1 quartzo rosa – atrai amor;
- 1 quartzo azul – para o equilíbrio;
- 1 quartzo verde – saúde.

Deixe as pedras imersas em água e sal grosso por um dia. Depois, deixe-as tomar sol por no mínimo 1 hora. No primeiro dia da lua cheia, coloque as pedras já limpas em uma taça de vidro transparente, cubra-as com água filtrada e deixe-as expostas em sua casa como enfeite em um local visível. Troque a água uma vez por semana.

Tigela de Proteção para Ambientes

Separe meio quilo de sal grosso, uma cabeça de alho inteira, sete pimentas vermelhas grandes e sete folhas de louro e uma tigela ou compoteira de vidro. Quando for montar sua tigela, acenda uma vela branca e um incenso para seu anjo da guarda.

Coloque todo o sal na tigela e no meio do sal ponha a metade da cabeça de alho. Ao redor do alho, nas bordas do vaso arrume as folhas de louro intercaladas com as pimentas. Você pode deixar o seu arranjo em um lugar bem à vista, sobre uma mesa, balcão ou até mesmo uma estante.

Neutralizando Energias Negativas do Ambiente

Esse procedimento deverá ser feito em cada cômodo da casa, inclusive quintal e garagem. Tome todos os cuidados para a sua segurança e a segurança de sua casa.

Sal Para Neutralizar Energias Adversas

É necessário ter:

- Um pote bonito de vidro ou cristal
- Sal grosso natural (quantidade que encha o pote)
- Anilina azul comestível.

Coloque o sal grosso em uma bacia qualquer e pingue sobre ele algumas gotas de anilina azul.

Misture bem o sal e a anilina numa bacia. Depois, transfira o sal colorido para o pote de vidro ou cristal, onde deverá ficar.

Agora imponha suas mãos sobre o pote e faça uma oração sincera para afastar o mal.

Use este belo pote como se fosse um objeto de decoração e, quando o sal derreter ou parecer diferente, jogue-o em água corrente e prepare outro para substituir. Faça esta simpatia a cada três meses, ou ao sentir que haja necessidade. Use da sua intuição para saber.

72 | *Segredos da Magia*

O sal grosso deixado no ambiente deve ser trocado a cada 15 dias (no máximo, dependendo do local, até antes) pois também irá saturar.

Saturar significa que o sal grosso retém a energia negativa, mas em determinado momento, fica tão "pesado" e endurece; o próprio produto começa a emitir essa mesma energia negativa de volta para o ambiente. Por este motivo, devemos sempre trocá-lo. O sal grosso que foi usado e, por isso, já está saturado, deve ser jogado em água corrente.

Como limpar "feitiço" ou "baixa magia" com Sal Grosso.

É necessário esclarecer, respeitosamente, que o que você ouve sobre oferendas realizadas nos cultos de origem africana nada tem a ver com magia negra. Porém, você não deve ignorar a existência do mal, e muitas pessoas acham que podem se dar muito bem fazendo o mal a outros, chegando a pagar por isso. Essas pessoas não têm consciência que se colhe na mesma medida do plantio, já que o mundo é redondo, e geralmente o mal volta muito pior àquele que dele fez uso. Na maioria das vezes, aqueles que mais amamos ou os nossos animais de estimação sofrem com a carga do feitiço que nos foi enviado. Contudo, a pessoa que "encomendou" o "trabalho" sempre vai recebê-lo de volta.

Portanto, cuidado se você acha que "o mal sempre é o outro", pois atraímos aquilo que estamos vibrando...

O Sal tem o poder de formar um círculo, uma barreira, capaz de quebrar um feitiço.

1. É muito simples, basta jogar sobre a peça do feitiço três punhados de sal grosso. No mesmo instante todo o mal contido ali é neutralizado. O sal tem o poder de formar um círculo, uma barreira, que pode até quebrar um feitiço.
2. Evite contato direto com a "macumba", "trabalho", "magia" etc. portanto, use luvas ou duas sacolas plásticas como luva, pegue as peças do feitiço e coloque dentro de outro saco, cubra tudo com mais sal grosso. Feche o saco e jogue-o de preferência: numa vala, num lixão ou em último caso jogue tudo na lixeira da rua.

Se jogarem algum líquido ou terra em seu quintal... ou na sua porta; o procedimento é semelhante:

I. Jogue três punhados de sal grosso no local... Espere agir pelo menos por 30 minutos, depois recolha o sal sem tocar, coloque num saco e jogue fora no lixo da rua.
II. Faça uma solução de: vinagre de vinho com sal grosso e jogue no local. Depois que o vinagre secar, você pode lavar o chão com água e sabão normalmente.

Se o feitiço foi feito para você, ele foi quebrado. Pois, você viu as oferendas e as peças, cortou com sal grosso e limpou o local sem tocar.

Já, se o feitiço foi feito para uma pessoa desconhecida... "Ou ele foi quebrado ou ficou enfraquecido". Se jogaram em sua porta, você tem o direito de "limpar".

Porém, é importante dizer que se você tocou em alguma parte do "trabalho", precisa tomar algumas providências:

- Lave a área tocada com sabão de coco.
- Banhe a área tocada com uma solução de sal grosso diluído em vinagre de uva.
- Depois passe perfume de alfazema.
- Assim que puder, vá a uma igreja e passe no local água benta.

Se você jogar sal grosso em garrafas com líquidos, eles podem se expandir em reação com o sal, portanto cuidado para não respingar bebida em você... Se isto ocorrer, você deve fazer o "Rito de Limpeza".

Se você ainda assim continuar a sentir sonolência, irritação, cansaço, enjoo, dor na nuca ou algo semelhante, ou quando chegar a algum lugar sentir algo deste tipo ou quando estiver em lugares onde a energia seja mais densa tais quais: velório, cemitério, prisão, hospital; ou mesmo presenciar uma briga, tome um banho imaginando uma água colorida limpando todos os seus corpos.

Depois passe vinagre de cidra (ou na falta deste use o de maçã) ao redor do umbigo, região do plexo solar, por onde mais recebemos estas energias "densas".

Capítulo 5
Magia com Amuletos e Talismãs

Desde a Antiguidade, os homens acreditam que alguns objetos trazem sorte ou têm o poder de protegê-los contra o mau-olhado, inveja, bruxarias, doenças e afastar energias negativas. São conhecidos por talismãs e amuletos. O amuleto é um artefato que você utiliza para proteger-se energeticamente de algum mal e lhe trazer boa sorte.

Os talismãs são exclusivamente defensivos, sendo confeccionados para criar uma aura protetora em torno do seu portador. Os amuletos têm a função de absorver as energias negativas contra seu dono. Ambos funcionam como catalisadores de bons e maus fluidos. Recebem e acumulam as energias positivas e dispersam as negativas, imunizando o indivíduo. Tanto um quanto outro têm efeito psicológico. É preciso consagrar a peça carregando-a de energia pessoal, acreditando, estimulando a força mental.

Outra diferença entre amuleto e talismã é que o primeiro é de origem natural (cristais, patas de coelhos, lascas de pedras ou madeiras sagradas etc.), o outro é fabricado com propósitos místicos e devidamente consagrado. Podemos citar como exemplo mais conhecido, o nome místico de Jesus, o Tetagramatom e muitos outros.

Dentre os mais famosos amuletos do mundo, os egípcios se destacam devido à sua importância cultural e mística. Geralmente, eles tinham o formato de deuses ou de objetos associados a eles. E não eram apenas os vivos que os utilizavam; o corpo do morto recebia amuletos de proteção para a outra vida. Eram feitos dos mais diversos materiais: prata, lápis-lazúli, turquesa, ouro e madeira. O material mais popular era a cerâmica, com a qual se moldava os amuletos, e depois do período de secagem passava-se pelo processo de vitrificação, ou seja, era levada ao fogo diversas vezes.

Talismãs

Escaravelho

Proteção contra maus espíritos. Antigamente, o amuleto do escaravelho trazia algumas inscrições (frases, rituais) ou apenas o nome do Faraó ou de alguma divindade. Era importante também no funeral egípcio e servia para proteger o coração do morto na hora de sua pesagem, uma vez que a balança poderia ficar contra o seu dono e por isso era melhor ter mais uma garantia, dada por um escaravelho colocado sobre o peito do morto.

Olho de Hórus

Proteção contra doenças, males. Vitalidade. Regeneração. Usado principalmente em joias, o olho de Hórus é uma representação do olho do deus falcão Hórus. Segundo a Mitologia Egípcia, Hórus, deus dos Céus, teria se confrontado com Seth para vingar a morte de seu pai, Osíris. Tinha cabeça de falcão e seus olhos representavam a Lua e o Sol.

Em confronto com Seth, seu sobrinho, com quem também disputava o poder real sobre o Egito, teve o olho esquerdo arrancado, o qual é substituído pelo amuleto da serpente. O amuleto do olho de Hórus, conhecido também por Udjat, protegia o portador contra doenças e lhe garantia vitalidade, capacidade de regeneração e prosperidade. O olho direito de Hórus.

Uma versão do olho de Hórus faz parte dos símbolos usados pela Maçonaria e pela Ordem Rosacruz, este símbolo representa o "Olho que Tudo Vê", o Ser Maior que observa tudo e todos.

Cruz Ansata

Longevidade. Proteção. A Cruz Ansata é símbolo da vida eterna. É importante amuleto de proteção. Em algumas pinturas, as divindades são representadas segurando uma cruz dessas nas mãos. Também significa "espelho de mão" e talvez fosse esta a representação mais próxima do amuleto: "refletir" a vida.

Figa

A figa é um amuleto de origem italiana chamado Mano Fico. Mano significa mão e Fico ou Figa é a representação dos genitais femininos, o que associa a imagem da figa à fertilidade e ao erotismo.

Na Itália, este sinal, conhecido por "fica" ou "far le fiche", pela semelhança com a genitália feminina, era um gesto comum e muito grosseiro em séculos passados, semelhante ao dedo médio erguido, no Brasil.

Na Turquia, este gesto é igualmente considerado ofensivo; nos países de língua inglesa, como nos Estados Unidos, é uma brincadeira infantil em que se simula arrancar o nariz de uma criança de seu rosto.

No Brasil, a figa indica desejos de boa sorte e se usa como amuleto contra mau-olhado, não se sabe ao certo o porquê. Mas, segundo a tradição afro-brasileira, a figa "fecha o corpo". É sinal de proteção contra agressões físicas e espirituais.

Olho Grego

Nazar ou Pedra contra o mau-olhado também chamada "olho turco" é um amuleto de proteção contra o olho gordo, sendo mais comum na Turquia, onde se vê em escritórios e residências, em joias (inclusive para bebês), em veículos, portas, cavalos e até telefones celulares. Os comerciantes do Grande Mercado, onde eu ganhei uma linda pulseira, costumam oferecer aos

turistas brindes com o olho grego desejando boa sorte. Geralmente, você encontra este amuleto no formato de uma gota ou como um ornamento de vidro pendurado, feito à mão e colorido, e é usado como um colar ou uma pulseira, ou ligado aos tornozelos. É formado de círculos concêntricos ou formas de gotas – de dentro para fora: azul-escuro (ou preto), azul-claro, branco e azul-escuro. O olho grego é símbolo do olhar divino, que proporciona a sorte, a energia positiva, limpeza energética, saúde, luz, paz, proteção. É usado para proteger pessoas e ambientes contra a maldade, a feitiçaria e a inveja.

Simbologias do Olho Grego

Não importa o tamanho, é mais comum encontrá-lo na cor azul e de vidro. Essa cor absorve e filtra as vibrações nocivas. Já o vidro costuma rachar ou quebrar acidentalmente quando saturado de energia – sinal de que o amuleto cumpriu sua função. Os cacos devem ser jogados fora e a peça, substituída por outra nova. Quando usado para a proteção do ambiente, deve ser fixado perto da porta.

Ferradura

Não é de hoje que o uso da ferradura, enquanto amuleto, é tão popular no Brasil, quanto em outras culturas. A fama da ferradura se originou na Grécia Antiga. Para os gregos, o ferro era o mais poderoso dos elementos que os protegia de todo  o mal e, por isso, a ferradura simbolizava um amuleto para atrair energia positiva e boa sorte.

80 | *Segredos da Magia*

Os agricultores colocavam as ferraduras acima das portas das casas, dos celeiros e dos estábulos afastando desta forma os espíritos de baixa frequência energética. Além disso, como seu formato lembrava a Lua crescente, simbolizava sobretudo a vitalidade, a fertilidade e a prosperidade. Da mesma maneira, os ciganos utilizam a ferradura como um talismã para trazer a fortuna e a boa sorte; neste caso, a ferradura era pendurada do lado de dentro da porta dos vurdóns (carroças) com as pontas para cima, apontando para o céu. Quando a ferradura era pendurada com as pontas para baixo, apontando para a terra, do lado de fora do vurdón, bem acima das portas, era para se obter proteção divina contra roubos, pragas e doenças.

Na América do Norte, a ferradura é um dos talismãs mais comuns que encontramos diante das portas dos celeiros e dos estábulos com as pontas viradas para baixo. No entanto, hoje é geralmente colocado para cima. No México, as ferraduras são vendidas com placas do Santo "San Martin Caballero" a fim de trazer sorte e proteção. Pois, diz a lenda que San Martin (924-988), conhecido Arcebispo de Canterbury, foi um monge cristão inglês com vasto conhecimento em metalurgia. Um dia ele teria se encontrado com o Diabo e pôs-se a massacrá-lo com objetos de ferro. San Martin prometeu que o soltaria se, no entanto, ele não aparecesse nas casas que tivessem uma ferradura à porta. Até hoje, muitos cristãos acreditam que as ferraduras penduradas do lado de fora das portas possuem poderes de afastar os maus espíritos.

Os ciganos mexicanos ensinaram-me que San Martin Caballero é especialmente popular entre os lojistas, que precisam de clientes que apreciem seus serviços e mercadorias; e entre os viajantes e caminhoneiros, que veem em sua montaria e veículos um paralelo com a sua própria maneira de ganhar a vida. Porque o cavalo que ele monta está associada com a sorte simbolizada pela ferradura, ele é também um dos santos favoritos entre os apostadores. Em Cuba, alguns seguidores da Santería (o candomblé cubano) o sincretizam com o orixá Elleguá (Esú Elegbará), provavelmente porque este orixá esteja associado aos caminhos e às encruzilhadas e, portanto, às viagens.

Em toda a Alemanha a crença conhecida é de que uma ferradura encontrada numa estrada, com os buracos dos pregos voltados para fora, significa proteção poderosa não só contra bruxas e demônios, mas também contra o fogo e relâmpagos; mas, invertida, traz infortúnio. Na Pensilvânia, a ferradura é muitas vezes colocada com os pregos e buracos voltados para dentro, ou seja, encostados na parede ou porta, de modo que a sorte possa ser derramada para dentro da casa.

A ferradura mantém a sua potência no mar, bem como em terra, e isso tem se observado na prática dos marinheiros de pregar este amuleto no mastro de um navio; se o barco de pesca ou grande embarcação de alto mar tiver uma delas em seu mastro, acredita-se que a embarcação estará protegida contra o Maligno.

Como regra geral, o grau de sorte pertencente a uma ferradura encontrada por acaso vai depender do número de pregos restantes. Assim, quanto mais pregos, maior a sorte. Em média, as ferraduras possuem sete pregos.

Mão de Fátima

A Mão de Fátima é um símbolo da fé islâmica. É também conhecido por Hamsá, palavra de origem árabe que literalmente significa cinco, em referência aos dedos da mão.

Fátima é o nome de uma das filhas do profeta Maomé, cuja veneração no Islamismo se assemelha a da Virgem Maria entre os católicos.

A imagem da mão geralmente é simétrica, porém, a ilustração do seu centro varia podendo ser um olho grego, a figura do peixe, da pomba, da estrela de Davi ou ainda da flor de lótus.

De Baixo para Cima

No que respeita a sua posição, a Mão de Fátima pode ser encontrada de forma invertida. Embora se desconheça o real motivo desse posicionamento, acredita-se que o mesmo seja uma referência das energias masculina – mão para cima – e feminina – mão para baixo.

Tanto muçulmanos quanto judeus estão associados a este símbolo.

No Islamismo ele representa os cinco pilares da religião. São eles:

Shahada – afirmação da fé; Salat – orações diárias; Zakat – dar esmolas; Sawm – jejum durante o Ramadam; Haji – peregrinação à Meca.

No Judaísmo, esse símbolo serve especialmente de proteção contra o mau-olhado.

Daruma

O Daruma (darumá), também conhecido por Dharma, é um boneco redondo e oco, feito artesanalmente de cerâmica e geralmente pintado de vermelho, mas pode ser encontrado em outras cores também. Esse boneco faz referência ao Bodhidharma, fundador da Seita Zen do budismo.

A cor vermelha representa o manto de um sacerdote de nível elevado e, segundo a cultura japonesa, essa cor afasta o "mau-olhado" e doenças. Apesar de ser também um brinquedo, Daruma é rico em simbolismo e é considerado um talismã de boa sorte e símbolo de perseverança para os japoneses.

Por que o Daruma não tem olhos?

Conta a lenda, que o monge indiano Bodhidharma, foi meditar numa caverna onde deveria passar nove anos, em meditação e ele teve que combater a sonolência. Assim sendo, pensou: "Por eu ter olhos, as pálpebras caem sobre eles e eu começo a cochilar." Então, em um ato ousado, cortou suas pálpebras para se manter acordado. A lenda diz que após os nove anos de meditação, Bodhidharma atingiu o tão desejado "estado de iluminação", ou seja, ver com a mente, ao invés dos olhos. E assim o Daruma ficou relacionado à esperança, à realização de sonhos devido à paciência, perseverança e obstinação.

Por esta razão, os bonecos são vendidos sem olhos, e segundo a tradição, você deve pintar um olho e fazer um pedido e só quando seu desejo for realizado, que você pintará o outro olho.

Depois disto, a tradição manda queimar o Daruma. E aí, você poderá comprar um novo e seguir esse ritual anualmente, de preferência no começo do ano, dando início a novo ciclo de sorte e prosperidade.

O amuleto Daruma não possui braços ou pernas. Isso mostra a influência do verdadeiro Daruma Daishi sentado em longos anos de meditação, onde as pernas e braços estão encolhidos e atrofiados sob o manto vermelho. Também não se consegue deitar o boneco, uma vez que sua forma é arrendondada e sua base é mais pesada que o resto do corpo. Isso também traz um significado importante, que não podemos "jamais desistir" dos nossos objetivos.

Tanto que há um provérbio japonês que se diz:

Nana korobi, ya oki, que quer dizer: *Caia 7 vezes, mas levante 8 vezes.*

Em Takasaki-shi, província de Gunma Ken, existe um santuário especial ao Daruma. Diversos artesãos trabalham na confecção dos amuletos, que geralmente são feitos em papel machê.

A barba e sobrancelhas do Daruma são pincelados artesanalmente. As sobrancelhas são pintadas de forma que lembre o pássaro tsuru e a barba em forma de uma tartaruga (kame), dois símbolos de vida longa no Japão.

Omamori

Pequena bolsinha japonesa, colorida, medindo aproximadamente sete centímetros de altura por cinco de largura, dentro da qual se leva uma oração a uma divindade japonesa escrita numa folha de papel, junto com seu nome.

Manekineko

O simpático gatinho japonês que tem uma das patas levantadas é um dos talismãs mais famosos do mundo. O Manekineko, também conhecido como Gato da Sorte, é especial para os japoneses para atrair muita sorte, proteção, prosperidade, felicidade e saúde.

Manekineko significa literalmente "gato que acena" e é apresentado por um gato sentado com uma das patas levantada. A pata levantada seria para atrair sorte. E o gato que serviu de inspiração para este amuleto foi o Bobtail Japonês, uma raça rara e muito antiga, além de ser a única raça considerada nativa do Japão. A forma como a pata está levantada também tem significados específicos. Quanto mais a pata estiver levantada, melhor será. Existe a crença de que se o Manekineko estiver com a pata direita levantada é ideal para colocar nas portas das residências, lojas e empresas, enquanto que o Manekineko com a pata esquerda levantada, é mais utilizado por estabelecimentos noturnos como bares, casas de gueixas, casas de shows e restaurantes.

Significado das Patas do Manekineko

- Pata direita levantada: traz sorte e fortuna
- Pata esquerda levantada: traz mais clientes ou visitantes
- Com as duas patas levantadas: traz sorte em dobro
- Com sino de ouro: traz sorte, proteção e prosperidade
- Com lenço vermelho: chama a atenção e traz boas energias
- Com moeda de ouro: ajuda a manter a riqueza material

Significado das Cores do Manekineko

- Manekineko Branco: traz sorte e felicidade
- Manekineko Preto: afasta os maus espíritos e protege de doenças
- Manekineko Dourado: traz Riqueza e Prosperidade
- Manekineko Prateado: traz saúde e longevidade
- Manekineko Rosa: sucesso no amor e nos negócios
- Manekineko Verde: traz sucesso acadêmico e profissional
- Manekineko Amarelo: traz boas amizades e relacionamentos
- Manekineko Vermelho: protege contra os espíritos malignos e doenças
- Manekineko Azul: ajuda a realizar os sonhos

História do Manekineko

Para descobrir a origem do Manekineko, é necessário analisarmos alguns comportamentos felinos. O gato é um animal tão sensitivo, que pressente a chegada de uma pessoa, ou então, quando uma chuva se aproxima. Essas mudanças em sua rotina o deixam inquieto. Então, ele começa a dar voltas ou esfregar sua face, pois esse tipo de comportamento tranquiliza-o. Daí surgiu a crença de que quando "o gato esfrega a face, é sinal de chuva ou de visita".

A coleira vermelha com um sino tem origem nos costumes do período Edo (1603 – 1867), quando o gato era um animal de estimação dos aristocratas. As damas da corte agradavam seus gatos, colocando-lhes coleiras vermelhas, feitas de chirimen (um tecido de luxo da época) com um pequeno sino.

Alguns Manekinekos seguram um koban (uma moeda de ouro de formato ovalado, do Período Edo). Porém, o koban verdadeiro vale apenas um ryo, e o koban do Manekineko representa dez milhões de ryo. Ou seja, trata-se de uma moeda fictícia para simbolizar a fortuna, a riqueza e a prosperidade.

Lendas Sobre a Origem do Manekineko

Lendas do Templo Gotokuji

Quero compartilhar com vocês as três principais lendas sobre a origem do Manekineko e as razões dele ter se tornado um talismã para os japoneses.  A Lenda do Templo Gotokuji, em Tóquio, teria ocorrido no início do Período Edo (1603-1867), sobre um sacerdote que tinha um gato.

Embora fosse um homem de poucas posses, o sacerdote sempre compartilhava sua refeição com seu gato. Um dia, um samurai se abrigou embaixo de uma árvore para se acolher de uma tempestade, e ao olhar em direção ao templo, viu o gato do sacerdote que, aparentemente, parecia acenar para ele.

O samurai entendeu que o gato estava chamando-o para se abrigar no templo, e seguindo sua intuição, foi em direção ao gato. Instantes depois, um raio atingiu a árvore em que estava. Grato pelo gato ter salvado sua vida, o samurai fez do Templo Gotokuji um local de culto de toda sua família.

O samurai também recompensou o sacerdote e ajudou o templo a prosperar. Quando o gato do sacerdote morreu, foi enterrado em um cemitério especial e como homenagem, uma estátua foi criada à sua semelhança, iniciando, assim, a imagem do gato de sorte que conhecemos atualmente.

A Lenda da Cortesã

Outra lenda sobre a origem do Manekineko fala de uma gueixa famosa do período Edo, chamada Usugumo, que muito amava o seu gato de estimação. Certa noite, seu gato começou a puxar insistentemente a bainha do seu quimono e por mais que ela o afastasse, ele voltava a puxar.

Um amigo espadachim, pensando que o gato estivesse enfeitiçado, cortou sua cabeça. A cabeça do gatinho voou em direção ao teto e matou uma serpente que estava pronta para dar o bote em Usugumo. Ela ficou arrasada com a morte de seu companheiro e para animá-la, um cliente fez uma estátua em forma de gato para presenteá-la, dando origem ao primeiro Manekineko.

A Lenda da Senhora Idosa

Outra lenda popular sobre a origem do Manekineko, conta que uma idosa tinha um gato que ela gostava muito, mas que foi obrigada a vendê-lo devido à miséria extrema. Pouco tempo depois ele apareceu em seus sonhos e disse para a sua dona fazer uma estátua de barro com sua imagem e semelhança.

Ela assim o fez e posteriormente vendeu a estátua, conseguindo um pouco de dinheiro. Animada devido à esperança de sair da miséria em que se encontrava, a velha senhora resolveu fazer mais estátuas para vender, e depois de um tempo, sua vida tornou-se muito próspera, feliz e saudável.

Estrela de Salomão

Na cultura dos Hebreus, o pentagrama representava a verdade e os cinco primeiros livros "Pentateuco" (cinco rolos), que tem para os Judeus o nome de Torá: a "lei escrita" revelada por Deus. Não obstante, na Idade Média, esse símbolo representava a verdade e a proteção contra os demônios ou maus espíritos. Note que, para os medievais adeptos do cristianismo, o pentagrama era atribuído aos cinco estigmas de Cristo. Por fim, para os Druidas, simbolizava o divino; para os Celtas, representava a divindade Morrigham, deusa do Amor e a da Guerra.

Estrela de Davi

O hexagrama é formado unindo-se o Triângulo da Água com o Triângulo do Fogo, formando a estrela de seis pontas, também conhecida por Selo de Salomão (1). Esse símbolo é muito confundido com a Estrela de Davi, o símbolo nacional de Israel (2). É também o símbolo de importantes ordens místicas, como a Tradicional Ordem Martinista (TOM).

Este hexagrama de dois triângulos entrelaçados é símbolo da alma humana, e é utilizado em magias cerimoniais para encantamentos, conjurações, sabedoria, purificação e reforço dos poderes psíquicos. Simboliza os processos de manifestação da alma humana. Assim sendo, o triângulo que aponta para baixo, representa a involução da energia divina que desce, e o triângulo voltado para cima indica a ascensão dos seres.

É utilizado também em forma de amuleto; representa o casamento perfeito entre masculino e feminino.

A Estrela de Davi é formada por dois triângulos, sendo um independente do outro (e não entrelaçados como no hexagrama).

A Estrela de Davi representa o povo de Israel e está na bandeira daquele país. Contém um significado voltado para as crenças religiosas.

Cruz de Caravaca

A Cruz de Caravaca, também conhecida por Cruz de Lorena e Cruz de Borgonha, é uma relíquia cristã de origem espanhola.

Segundo a tradição, apareceu por milagre na cidade de Caravaca de la Cruz, Espanha, em 3 de Maio de 1232, e, por conter fragmentos do lenho da cruz de Cristo, eram-lhe atribuídos muitos milagres.

Em 1934, a cruz medieval desapareceu misteriosamente, sendo mais tarde restaurada por doação pelo Papa Pio XII de dois fragmentos do Santo Lenho.

A Lenda Medieval

De acordo com a lenda, à época da Reconquista cristã da Península Ibérica, a região era governada pelo sultão Abu Zeyt e na cidade de Caravaca havia prisioneiros, sendo um deles o sacerdote Gines Perez Chirinos.

Manifestando Abu Zeyt curiosidade sobre as práticas católicas, decidiu presenciar uma missa, ordenando que o sacerdote cativo lhe celebrasse uma. No dia marcado, o governante reuniu toda a sua família e corte para presenciar a cerimônia, dando ordens para que fosse dado ao sacerdote tudo o que ele necessitasse para o culto. À última hora, o sacerdote lembrou-se de ter esquecido a cruz. Com temor e com vergonha, antecipando a punição por sua falha, viu surgir, do nada, na janela acima de si, dois anjos carregando uma cruz de dois braços, toda de ouro com pedraria.

O sultão e todos os muçulmanos presentes, impressionados, converteram-se ao catolicismo.

É também a cruz usada na coroa do rei da Hungria, como forma de reconhecimento do rei Santo Estevão, rei reconhecido como Santo tanto pela igreja católica romana, quanto pela igreja ortodoxa grega, por isso a cruz dupla.

Divulgação

Desde então, foram atribuídos vários milagres à cruz, que foi adaptada por outros santos da igreja católica. A sua devoção chegou ao Brasil com Martim Afonso de Sousa, acredita-se que com os primeiros Jesuítas, que também a difundiram nas Missões. Nestas, destaca-se São Miguel, onde existe uma feita pelos indígenas, e que é conhecida no Rio Grande do Sul por "Cruz Missioneira".

Amuletos

Trevos

O trevo de três folhas é o tipo mais comum dessa planta. Simboliza aspectos mágicos atribuídos pelas lendas celtas, uma vez que os antigos celtas reverenciavam o trevo e possuíam muitas crenças baseadas nas Tríades, como por exemplo: presente, passado e futuro.

Para os celtas, o trevo de três folhas está associado à Hécate, a Mãe Tríplice, que é representada pelas três fases da lua e simboliza as fases da vida da mulher: virgem, mãe e anciã.

Trevo de Quatro e de Cinco Folhas

O trevo de quatro folhas é pouco comum e o de cinco é ainda mais raramente encontrado.

O trevo de quatro folhas é conhecido como o trevo da sorte. Acredita-se que quem o encontra tem um destino afortunado.

Ramo de Tomilho

O ramo de tomilho é um antigo amuleto utilizado pelos ciganos para espantar feitiçarias que os impeçam de prosperar em seus negócios, assim os antigos o carregavam em seus chapéus ou atrás da orelha e as mulheres o prendiam em seus cabelos, com flores e lenços.

Mas, o tomilho é um dos ingredientes da putsi da prosperidade, uma pequena bolsinha usada para quem deseja expandir suas atividades comerciais e protegê-la da inveja de seus concorrentes.

Este amuleto deve ser preparado e imantado numa noite de lua crescente, com duas velas verdes e duas velas amarelas acesas.

Ingredientes

- 1 ramo de tomilho para ter abundância e renovação
- 1 folha de louro, para atrair a vitória sobre seus adversários
- 1 pedacinho de pau de canela, para ter prosperidade
- 1 noz-moscada inteira, que atrai dinheiro
- 1 Pirita, a pedra da fartura e riqueza 1 pequena saco-linha verde esmeralda. Pode ser saquinho de bijuteria

Este amuleto, composto de um grupo de elementos naturais, pode ser colocado em seu comércio, perto de suas coisas de trabalho, em sua bolsa ou pasta de trabalho, enfim, você pode escolher o melhor lugar para que a energia concentrada deste amuleto tenha sua força verdadeira.

Amuleto forte contra palavras más e calúnias

Se você se sente alvo de fofocas, intrigas e pessoas hostis que estão sempre dispostas a fazer maldades. Para fazer isso, você precisa ler as orações da igreja para a Mãe de Deus e o Pai Nosso e, em seguida, escrever as seguintes palavras num pequeno pedaço de papel:

Sob o manto da santa mãe ninguém pode me atingir,
porque estarei protegido(a) de pessoas maledicentes,
de toda a calúnia e de todo o mal. Salve, salve, amém.

Depois disso, a oração escrita deve ser colocada dentro de um pequeno saquinho de tecido branco, perto do seu coração. Coloque seu amuleto num prato pequeno e acenda em torno dele cinco velas brancas. Traga o amuleto com você principalmente quando estiver com alguém que o confrontaria. Então as flechas das forças do mal não o tocarão. Mas é sempre bom lembrar que os bons espíritos não irão apadrinhar quem cometeu um crime, especialmente grave, como roubo, homicídio e estupro.

Capítulo 6

Magia com Ervas

Chás

O chá surgiu por acaso na China há mais de cinco mil anos e se espalhou pelo mundo. Porém, o chá foi associado de uma forma popular a qualquer bebida feita com água fervente e folhas, raízes, cascas, frutos e sementes.

Atualmente, todos reconhecem que as ervas são um ótimo remédio. E uma forma maravilhosa de sentir as qualidades das ervas medicinais é através de chás.

Ao fazer um chá de ervas, muitas pessoas querem saber quanto adicionar de erva na água. A maneira tradicional que você encontrará na maioria das receitas é utilizar uma colher de chá de ervas secas ou duas colheres de ervas frescas para um copo de água. Você deve usar seu paladar e seu conhecimento de ervas como um guia para quando usar. Você pode cultivar suas próprias ervas frescas ou usar ervas secas de qualidade.

96 | Segredos da Magia

Como é chamado o chá no mundo:

- Romani: Tchaio
- Holanda: Thee
- França: Thé
- Inglaterra e Hungria: Tea
- Polônia: Herbata
- Suécia: Te
- Turquia: Çay
- China e Japão: Cha
- Alemanha: Tee
- Itália: Te
- Brasil e Portugal: Chá
- Espanha: Te
- Rússia: Chai
- Índia: Chaai

Como preparar Chás

Há três maneiras de fazer chá: por infusão, decocção e maceração.

Por infusão

Ferva a água e despeje-a sobre as ervas. Tampe o recipiente e deixe a mistura descansar de 5 a 10 minutos. Coe e sirva em seguida. Recomendo esta técnica para os chás de frutas, flores e frutos, mas também pode ser usado para outras partes da erva.

Por decocção

Indico esta técnica para cascas, raízes, sementes, frutos secos ou ervas que não liberem seus princípios ativos em baixas temperaturas.

Leve ao fogo as ervas em água fria, até que ferva, por 5, 10 ou 30 minutos, dependendo da quantidade das ervas empregadas. Flores, folhas e partes mais macias devem ser fervidas por 5 ou 10 minutos. As partes mais duras devem ser picadas e cozidas por 15 ou 30 minutos. Após desligar o fogo, tampe o recipiente de deixe a mistura descansar por 30 minutos.

Por maceração

As ervas devem ser amassadas em um recipiente de vidro. Utilize uma colher grande ou use um pilão. As partes tenras da planta, como folhas, sementes e frutos devem ficar em maceração por 12 horas.

Dicas de chás para todas as horas

- De manhã: escolha um chá energético para começar bem o dia. Ex: chá-verde, chá-preto, chá-mate, chá de gengibre, infusão de cascas de laranja e canela.
- Depois do almoço: opte por uma erva digestiva. Ex: chá-verde, hortelã, louro, boldo, maçã, erva-cidreira, jasmim ou gengibre.
- De tarde: escolha uma erva para afastar a preguiça e levantar a energia corporal. Ex: chá-verde ou chá-preto.
- Depois do jantar: escolha ervas que ajudem na digestão e a relaxar, preparando para um sono gostoso. Ex: camomila, melissa, erva-cidreira, hortelã e erva-doce.

Para secar ervas em casa

Lave as ervas, espere que sequem naturalmente, amarre-as, formando pequenos buquês, envolva-os em papel de seda e pendure-os em algum lugar da sua cozinha, longe da luz do Sol. Depois é só separar as folhas dos galhos e guardar em potes bem fechados fora da geladeira. Porém, nem todas as ervas podem ser desidratadas em casa. Ervas como manjericão, hortelã, salsinha e coentro, por exemplo, geralmente apodrecem antes de secar, pois possuem muita água. Mas você pode secar em casa as seguintes ervas: sálvia, tomilho, alecrim, camomila, verbena, arruda, calêndula, camomila, cavalinha, louro, hortelã-pimenta, erva-cidreira, capim-limão, tomilho e dente-de-leão.

Chás mais famosos

- ALECRIM (Rosmarinus officinalis): o chá de alecrim é indicado para o tratamento de depressão leve, fadiga, dor de cabeça, enxaqueca, má digestão, gases, tosse, sinusite, bronquite, problemas de concentração, gastrite e úlcera estomacal, artrite, artrose, reumatismo, cistite, menstruação irregular, cólica menstrual, tensão pré-menstrual (TPM). Além de tantos benefícios é excelente tônico cardíaco e fortalece a memória.

- ANIS (Illicium verum): o anis tem um sabor semelhante ao alcaçuz, e é uma erva fácil de cultivar. Como chá, ele pode ser usado para problemas digestivos. Alivia também a tosse e a congestão nasal.

- ARRUDA (Ruta graveolens): sua tintura e chá tratam todos os tipos de dores articulares, problemas circulatórios, falta de apetite e má digestão. Mas, cuidado! A arruda é abortiva e se for utilizada indevidamente pode causar diarreia, convulsões e problemas circulatórios graves. Apenas 2 colheres de sopa da erva para meio litro de água fervente é o suficiente para um chá eficiente.

- ARTEMÍSIA (Artemisia vulgaris): é também conhecida por erva-de-são-joão ou artemigem. Seu chá é velho conhecido de nossas avós no tratamento de cólicas menstruais, infecções uterinas e ovarianas. Substitui com eficácia qualquer analgésico para dores de cabeça comuns. Duas colheres de sopa da erva em meio litro de água é o suficiente para um bom chá. Deve-se ter cuidado, pois a Artemísia é abortiva.

- BABOSA (Aloe vera): de sabor forte e amargo, é indicada como auxiliar no tratamento de anemia, reumatismo, artrose, arteriosclerose, esclerose múltipla, câncer, AIDS e doenças oculares. Coincidentemente, a medicina popular faz uso da Babosa há muitos anos para aliviar as lesões causadas por queimaduras e quedas de cabelo. No interior do Brasil, o sumo da Babosa misturado com leite e mel é indicado para tratar tumorações internas.

- CALÊNDULA (Calendula officinalis): sua reputação ganhou fama nos tratamentos de tuberculose, cólicas estomacais e resfriados. É utilizada pela cosmética natural para a fabricação de cremes, pomadas e xampus. A Calêndula é excelente cicatrizante e cura o impetigo, as rachaduras de pele e ferimentos leves. Tem grande capacidade antisséptica e clareia a pele manchada pela exposição ao Sol. Recomendo compressas mornas, no uso externo, e os chás, em infusão. Usa-se 1 flor para cada 250 ml de água fervente. O mesmo pode ser indicado para o uso interno, duas ou três vezes ao dia.

- CAMOMILA (Matricaria chamomilla): é muito popular e versátil para chás, mesmo chás comerciais. Fácil de ser cultivada, suas flores fornecem um chá bem apreciado. É utilizada no tratamento de cólicas menstruais, problemas digestivos (cólicas, náuseas, diarreia), febre, congestão, dores de cabeça, insônia e estresse geral.

- CAPIM-LIMÃO (Cymbopogon citratus): o capim-limão é outra erva versátil quando usada para chás. É também fácil de cultivar em seu jardim. O capim-limão ajuda a diminuir os níveis de colesterol, alivia a tosse, problemas da bexiga, problemas digestivos, dores de cabeça, febre e promove a transpiração.

- CAVALINHA (Equisetum arvensis): é rica em cálcio, ferro, sódio e magnésio. Indicada para dores de cabeça (tem muito ácido acetilsalicílico), ressuscita cabelos e unhas fracos. Regula as funções hormonais de mulheres na pré-menopausa, se usada por mais ou menos três meses, ingerindo três xícaras do chá de cavalinha diariamente.
  É muito útil no combate à falta de cálcio, principal causa da osteoporose. Em infusão, usamos quatro colheres de sopa da erva fresca (ou duas colheres da erva seca) para cada litro de água fervente.

- DENTE-DE-LEÃO (Taraxacum officinalis): dentre os múltiplos benefícios do dente-de-leão, a erva auxilia nos regimes de emagrecimento. Purifica o sangue, combate a celulite e clareia a pele, se for misturado à cavalinha.

- Endro (Anethum graveolens): alivia as cólicas infantis. Aumenta a produção de leite materno. É calmante e propicia aos insones um tratamento suave e eficaz. Em infusão, recomendo uma colher de sopa para duas xícaras de água fervente. Fica ótimo adoçado com mel, glucose de milho ou açúcar mascavo para quebrar um pouco o sabor. Os bebês agradecem.

- Erva-Cidreira (Melissa officinalis): semelhante às demais mentas, é utilizada como calmante. Ajuda a diminuir a febre, a dor de cabeça e regulariza o fluxo menstrual. Na cosmética natural é usada nos banhos a vapor como cicatrizante da acne.

- Hortelã (Mentha sp.): a hortelã é extremamente fácil de cultivar e é uma planta extremamente robusta (que pode realmente tomar conta do seu jardim, se você não tomar cuidado). A hortelã é uma erva excelente para fazer chá para problemas digestivos. Muitos herbalistas recomendam beber uma xícara de chá de hortelã todas as noites. Também tem um gosto ótimo e é muito suave para o corpo. É também ótimo para adicionar ao chá de algumas ervas para saborizar.

- Hortelã-Pimenta (Mentha piperita): contra as picadas de inseto, um emplastro de folhas de hortelã alivia a dor. Seu chá é digestivo e o fígado se refaz com ela após uma ressaca.

- Louro (Laurus nobilis): seu óleo é indicado para aliviar as dores reumáticas. Seu uso interno mais comum é em forma de chá, para facilitar a digestão. Por isso mesmo o louro é utilizado no cozimento do feijão, que é um alimento difícil de ser digerido.

Usa-se o chá de louro com mel contra a bronquite, resfriados e gripes.

- Manjericão (Ocimum basilicum): seu chá é usado no combate à dor de cabeça, provocada pelo nervosismo, azia, gastrite, enxaqueca e instabilidades. É usado também contra estomatites (aftas), em gargarejos e bochechos.

- Poejo (Mentha pulegium): a maior fama do poejo é a de repelente de insetos. Nos acampamentos ciganos usava-se a erva, esfregando suas folhas no corpo para evitar pulgas, mosquitos, piolhos e carrapatos dos animais.

- Sálvia (Salvia officinalis): é usado na culinária para temperar as carnes que se conservam salgadas e também como aromatizador de vinhos. O chá se sálvia ajuda a restaurar a cor natural dos cabelos escuros. Usado como enxaguante, faz com que os fios de cabelos brancos desapareçam. Mas este processo é lento.

- Tomilho (Thymus vulgaris): seu chá é um excelente regulador das funções intestinais. É utilizado também no combate a vários tipos de afecções cutâneas.

- Urtiga (Urtiga dioica): a urtiga é ótima para aumentar a produção de leite materno, assim como o Endro. Estimula todas as funções digestivas, inclusive a do pâncreas e fígado. A planta é rica em vitamina C, magnésio e ferro e cura a diarreia.

Flores e Raízes Mais utilizadas nos chás

- ALFAZEMA ou LAVANDA (flor): é um chá indicado como relaxante e também atua na digestão.
- AMORA: diurético, o chá da folha da amoreira ajuda a combater a retenção de líquido e a pressão alta. É um ótimo regulador intestinal e, por ser rico em vitamina C e antioxidantes, contribui para baixar o LDL (colesterol ruim), que coloca em risco a saúde do coração, além de deixar a pele e os cabelos mais bonitos.
- CALÊNDULA: excelente chá para banhar a pele, é também indicada para o tratamento de problemas do útero, além de previnir inflamações, como a dor de garganta, por exemplo. Ainda é um excelente estimulante. Sua região de origem se liga ao mediterrâneo europeu. E tem em média 50 cm de altura. Seu uso na medicina sempre foi muito bem aproveitado durante a história onde sua capacidade de cura era comprovada, como no tratamento de feridos de guerra dos Estados Unidos no século XIX. A flor medicinal é aplicada como pomada, unguentos e nos banhos.
- BRANCO: conhecido como o chá milagroso das dietas, é composto por brotos e flores da Camellia sinensis, mesma planta que dá origem aos chás verde e preto. A cafeína e outras substâncias presentes na infusão alteram o funcionamento do metabolismo, aumentando a queima de calorias. Enquanto os polifenóis presentes na bebida ajudam a fortalecer o sistema imunológico, o tanino diminui as taxas de LDL, o colesterol ruim. Com alto poder antioxidante, combate também o câncer e retarda o envelhecimento.

- CAMOMILA: um dos mais populares contra ansiedade e ajuda na indução do sono.
- JASMIM: auxilia no combate ao stress, depressão e problemas de pele.
- FLOR-DE-LARANJEIRA: indicado para tensões nervosas e problemas gastrointestinais.
- FLOR-DE-MARACUJÁ: é calmante e atua nos sintomas de úlcera e gastrite.
- HIBISCO: indicado para problemas nos rins e de circulação sanguínea. Tem fama de ser afrodisíaco.
- MELISSA: esse chá ameniza as cólicas menstruais e atenua sintomas de desconforto durante a gravidez. É calmante.
- ROMÃ: as cascas da fruta neste chá, rico em compostos antioxidantes, são também usadas como anti-inflamatório. A bebida é uma ótima opção para recuperar o organismo em caso de amigdalite, faringite e males intestinais, como colite. Também protege os vasos sanguíneos, reduzindo as chances de infarto e derrame.
- ROSA: as propriedades da flor auxiliam a digestão e também como calmante. A rosa teve sua origem no território da Ásia e possui cerca de 50 cm. Essa flor tem um forte poder de cura e pode ser ingerida ou usada na forma de compressa.

Capítulo 7

Magia com Incensos

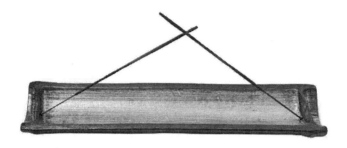

Tão antigo como a descoberta do fogo, o incenso é uma das oferendas mais populares nas mais diversas culturas do mundo. Nos primórdios, observava-se que a ervas, flores secas, sementes e resinas das árvores, quando atiradas ao fogo, provocavam uma fumaça aromática que se elevava em direção ao céu. Deve ter sido desta forma que surgiu a ideia de agradar aos deuses com a queima de madeiras, ervas aromáticas e tudo que exalasse um aroma agradável.

Além de estar presente nos cultos sagrados, o incenso também era utilizado como aromatizador de ambiente, não só para protegê-lo até mesmo de insetos, mas também para torná-lo mais agradável.

Mas foi no Antigo Egito que o incenso ganhou popularidade nos cultos, oferendas e cerimônias especiais.

Neste capítulo, vamos nos dedicar ao uso do incenso para limpar ambientes e defumar as pessoas. Estes

106 | Segredos da Magia

incensos podem auxiliar muito a manter a potência espiritual dos ambientes, na limpeza da casa e da aura humana.

Podemos comparar o incenso queimado ao envio feixe de luz para atrair forças espirituais simpáticas à nossa causa, e que nos facilite na realização de nossos desejos. Mas, cada odor atrai uma força em especial e garante a manifestação de sua natureza em nosso auxílio. Os mais populares são comercializados em varetas e cubos. São eles:

- ALMÍSCAR: aumenta a sensualidade do casal.
- ÂMBAR: excelente antidepressivo; purifica a mente, e favorece a meditação.
- BÁLSAMO: para a inteligência e a compreensão.
- CANELA: atrai bons fluidos para quem é comerciante. Prosperidade.
- CÂNFORA: ajuda a limpar energias desagradáveis.
- CRAVO-DA-ÍNDIA: elimina energias negativas e atrai o amor.
- ERVA-DOCE: é um poderoso calmante.
- EUCALIPTO: purifica o ar e o ambiente.
- JASMIM: para ser utilizado após incensos de limpeza. Atrai bênçãos.
- LAVANDA: traz paz e harmonia ao ambiente.
- LÍRIO: para as gestantes e as mães que estão começando a criar os filhos.
- LÓTUS: propicia concentração para os estudos.
- MADEIRA: para a energia positiva dos ambientes.
- MIRRA: para o espírito e a espiritualidade.
- ROSAS: para os rituais espirituais.
- SÂNDALO: para a paz e o equilíbrio mental.

Mas você também pode utilizar ingredientes secos para serem usados como incensos caseiros, nas defumações, com um turíbulo, semelhante àqueles utilizados nas igrejas católicas.

- TOMILHO EM GRÃO OU EM PÓ: repele a negatividade, inspira coragem. Por vezes, colocado sob o travesseiro para trazer sonhos mais plácidos. Os ciganos costumavam levar um ramo de tomilho em seu cabelo como amuleto de atração de bons relacionamentos e bons negócios.

- ZIMBRO TRITURADO (bagas): proteção contra as forças do mal, roubo, serve para repelir cobras e favorecer poderes psíquicos. A história do incenso de zimbro em Magia é bem antiga. São também indicados para a proteção da casa, quando colocados em saquinhos vermelhos pendurados atrás da porta de entrada.

- ALECRIM SECO: para atrair bênçãos para o ambiente.

- MIRRA: favorece a presença das energias astrais mais elevadas. Recomendo que seja usada em combinação com o sândalo ou benjoim.

Assim, caso você prefira fazer sua própria mistura aromática e defumar sua casa, junte flores, ervas, sementes e resinas secas. Sugiro algumas misturas que oferecem excelentes resultados.

- Para limpar ambientes: arruda seca, dandá-da-costa ralada e alecrim.

- Para melhorar o movimento de uma casa comercial: canela em pó, noz-moscada ralada e folhas de louro trituradas.

108 | *Segredos da Magia*

- Para tornar o ambiente romântico: folhas secas de pitanga, pétalas de rosas vermelhas e açúcar mascavo.
- Para favorecer a sensualidade: casca de romã e resina de almíscar.
- Para incentivar a cura física e emocional: folhas de sálvia.
- Para expulsar energias maléficas e perturbadoras: casca de alho e borra de café.

Defumações

Embora pareça algo simples, as defumações de construções, locais de trabalho, objetos de arte, móveis de antiquários devem ser feitas por pessoas preparadas e com certa experiência no banimento de energias. Assim como os exorcismos, esses tipos de defumações devem ser feitos por sacerdotes e iniciados em alguma tradição que lhe ampare com sua egrégora e o seu conhecimento.

Porém, defumar-se de maneira eficaz, qualquer um pode fazê-lo, sem que haja uma iniciação para isso.

Sente-se numa cadeira, e abaixo dela coloque um recipiente com carvão em brasa, sobre o qual deve ser queimada a mistura que você achar mais apropriada para a sua defumação. Pegue um tecido grande (pode ser um lençol branco ou de cor clara) e coloque-o sobre sua cabeça, de forma que envolva a cadeira até os pés, como se fosse uma sauna portátil. Para este trabalho, use apenas suas roupas íntimas.

Capítulo 8

Magia com Óleos

Semelhantes à água, os óleos exercem um efeito maior em nossa vibração emocional. E como também possuem a energia do elemento terra, afeta ainda a nossa natureza física. Os óleos podem ser de origem mineral, vegetal e animal. Prefiro trabalhar em Magia com os óleos vegetais, pois assim como os florais, eles carregam muito da energia da planta, conservando os benefícios de suas virtudes. Os óleos animais também carregam sua energia de origem, mas são raramente encontrados, a não ser no toucinho de porco e no sebo de carneiro. Por afetarem diretamente a natureza dos animais, esses óleos servem mais apropriadamente à magia negativa, que não é o nosso propósito.

Fazer magia com óleos pode parecer simples, mas não é. Na verdade, não se trata apenas de pegar algumas substâncias (ervas, flores, raízes, metais, pedras etc.) e acrescentar ao óleo. É preciso seguir as prescrições corretamente, e somente a experiência desenvolve em você a delicadeza necessária para combinar corretamente as vibrações dos óleos e seus elementos. Antes que se tenha segurança para fazê-lo, é melhor não arriscar e seguir as receitas que os antigos nos legaram.

Dos principais óleos vegetais utilizados em magia, os mais fáceis de encontrar são os de amêndoa, azeite, girassol e amendoim.

Como preparar um Óleo Consagrado

De origem bíblica, um dos óleos consagrados mais populares é o óleo consagrado divino (ou óleo de Moisés), citado no capítulo 30 do livro do *Êxodo*. É mais apropriado fazê-lo próximo do solstício do verão, quando sol é mais intenso.

Como a versão original da receita deste óleo exige grande quantidade de material, a fórmula que apresento é similar à fórmula bíblica, e é um excelente óleo para benzimentos e outras magias. Não é um óleo proibido pela Bíblia.

Ingredientes:

- 5 colheres (de chá) de mirra em pó
- 2 colheres e meia (de chá) de canela em pó
- 2 colheres e meia (de chá) de cálamo doce
- 3 colheres (de chá) de sene
- 1 litro de azeite de oliva de boa qualidade

Coloque tudo num frasco com capacidade para 2 litros, misture bem os ingredientes secos e em seguida acrescente o azeite de oliva. Agite o frasco novamente.

Coloque o frasco num local arejado e ensolarado, por um período de 1 mês ou seis semanas antes do solstício de verão. No Hemisfério Sul, este fenômeno da Astronomia acontece em 21 ou 22 de dezembro e no Hemisfério Norte, 21 ou 22 de junho. A cada três dias você deve agitar a mistura para que os ingredientes fiquem bem integrados.

Deve-se energizar o óleo com uma oração.

Óleo para Benzedura

Geralmente usado em imantações, o óleo de benzedura tem um efeito similar ao óleo consagrado. Esta receita simples tem sido utilizada com sucesso ao longo de muitos anos para elevar e iluminar pessoas, lugares e objetos.

Ingredientes

- Cerca de meio litro de azeite de oliva puro
- 1 colher de (de chá) de raiz de lótus ralada
- ¼ de colher (de chá) de raiz de lírio ralada

Coloque tudo num frasco, agite vigorosamente e deixe-o à luz do sol por 1 mês. Lembre-se de agitar o frasco todos os dias, para garantir que os ingredientes se misturem bem. Após este período, pode coar o óleo e usá-lo. Você pode deixar os ingredientes no frasco e retirar pequenas quantidades e colocar em outros vidros com a ajuda de um funil bem limpo ou de uma concha com bico. Nunca use frascos de plástico para guardar óleos místicos.

Os ingredientes desse óleo são naturalmente de elevada vibração, mas recomendo que ao fazê-lo aumente a vibração dele com uma oração eficaz para benzimentos

Segredos da Magia

e imantações. Costumo usá-lo em minhas imantações das curas ancestrais que realizo para livrar pessoas de alguns bloqueios herdados de suas linhagens familiares.

Para benzer alguém, molhe a ponta do dedo indicador de uma das mãos e focalize uma oração, pedindo ao Universo a bênção que você deseja transmitir a essa pessoa; aplique-lhe então, o óleo de benzimento. Este óleo pode ser feito em qualquer parte do corpo. Proceda da mesma forma para benzer objetos ritualísticos.

Óleo Magnético

Se a sua intenção é aumentar seu magnetismo e fazer com que as pessoas sejam atraídas para você, faça o óleo magnético.

Ingredientes:

- Meio litro de óleo mineral
- 7 pedras magnéticas (3 magnetitas, 1 hematita e 3 ímãs de qualquer tamanho)
- 1 colher de chá de limalha de ferro

Num frasco de boca larga coloque todos os ingredientes. Feche o frasco e coloque-o dentro de uma panela de metal. Coloque a panela com o frasco num local que seja solarizado. É importante que este frasco receba a luz do nascer do dia. Agite o frasco à noite, delicadamente, evitando assim quebrar o vidro. Deixe neste mesmo lugar durante uma semana. Ao final deste período, você terá um óleo magnético de intenso poder. Identifique os óleos e coloque-os em frascos menores.

Capítulo 9

Magia com Pós

Uma das mais antigas formas de magia encontrada em todas as culturas é os pós mágicos.

São úteis para "untar" velas, soprar sortilégios ou ainda polvilhar por sobre alguns objetos mágicos que desejamos potencializar. Existem pós mágicos para muitas finalidades, compostos pelos mais diversos ingredientes de origem vegetal, animal e mineral (ervas, resinas, madeira etc.), que são reduzidos a pó. A concepção dos mesmos é feita com base nas propriedades energéticas e vibracionais dos ingredientes e em função do objetivo que se deseja alcançar.

Como usar seus pós mágicos

- POLVILHAR: Você deve espalhar um pouco do pó em cima de algo que deseje consagrar ou encantar. Por exemplo, você pode espalhar um pó de limpeza nos cantos de sua casa ou local de trabalho místico ou profissional, desejando que o ambiente seja protegido de qualquer influência ou energia adversa.

- INCENSO: Os pós mágicos podem ser queimados como incenso, dentro do caldeirão ou em sobre um carvão em brasa.

- UNÇÃO: Quando usar pós mágicos em velas, recomenda-se untar a vela com óleo ou essência de sua preferência, e depois pode polvilhar um pouco do pó em suas mãos, ou em um pedaço de papel e passar a vela por cima. Nessa prática você pode, por exemplo, escrever em um papel alguns encantamentos em algum alfabeto de sua preferência. Em seguida, espalhe o pó por cima e depois passe a vela, visualizando seu desejo realizado.

Os pós podem ou não ser comestíveis. Se forem, devem ser misturados na comida. Um exemplo disso é a canela. Além dessas utilidades, você pode usar seus pós mágicos na confecção e preparação de talismãs e amuletos.

Os pós mágicos servem para "encantar" tudo o que tocam.

Fazendo Pós Mágicos

Para Banir Energias Maléficas

Prepare este pó numa noite de Lua Minguante.

Você vai precisar de:

- ½ xícara de sal grosso natural, sem qualquer refino, bem socado
- 4 paus de canela
- 1 colher de sopa de cravo-da-índia
- 1 pitada de pimenta-do-reino clara ou escura

Para energizar e encantar seu pó acenda uma vela branca pequena e deixe queimar toda, e enquanto trabalha em seu pó, faça uma prece sincera, invocando os Mestres de Luz.

Você deve misturar os ingredientes em uma cuia enquanto reza, e com a vela já acesa, concentre-se na mistura pedindo proteção. Esfregue suas mãos, faça três inspirações profundas, retendo o ar confortavelmente, para concentrar mais energia e imponha as mãos sobre a mistura. Em seguida, despeje a mistura no liquidificador e moa bem. Distribua a mistura depois de moída em vidrinhos que possa carregar na bolsa ou bolso, e os tenha sempre com você.

Modo de usar:

Quando sentir negatividade diretamente a você ou mesmo no local onde você esteja, ao se afastar, pegue seu vidro de pó, despeje um pouco na mão direita e jogue sobre seu ombro esquerdo. Ao jogar, peça proteção e mande que todo mal se afaste.

116 | *Segredos da Magia*

Caso vá a algum lugar que saiba ser carregado de energias negativas, polvilhe um pouco do pó dentro de seu sapato.

Pó Mágico Para Sumiço

Para fazer sumir de perto de você alguém indesejável e mau. Afasta feitiços.

Ingredientes:

- Uma colher (de sopa) de canela em pó
- Uma colher (de sopa) de noz-moscada
- ½ folha de papel de jornal em cinzas
- 1 caldeirão ou panela de qualquer metal, menos cobre

Pegue meia folha de jornal e queime em seu caldeirão (ou panela), junte muito bem as cinzas, em um prato de louça. Misture estes itens com os dedos até ficar homogêneo e coloque este pó em um vidrinho com tampa.

Sempre que a pessoa aparecer, jogue algumas pitadas do pó onde esta for se sentar, ou onde for ficar por alguns minutos...

Use pouca quantidade deste pó, para mantê-lo imperceptível, pois seu efeito é certeiro.

Tenha sempre esta mistura do "Pó de Sumiço", e poupe sua energia de vampirismo ou de gente manipuladora mesmo.

Pó para atrair Prosperidade e Sucesso

Ingredientes

- 1 colher de chá de louro em pó
- 1colher de chá de açafrão em pó
- 1 colher de chá de hortelã em pó
- 1 colher de chá de canela em pó
- 1 colher de chá de noz-moscada em pó
- 2 colheres de amido de milho
- 1 colher de chá de açúcar cristal

Misture todos os ingredientes, projetando em sua tela mental a sua própria imagem, sentindo-se saudável, próspero, alegre, bem sucedido e com boa fama. Use este pó em sua casa ou em seu trabalho assoprando-o de fora para dentro. Recomendo que você faça isso na Lua Crescente ou Cheia. Boa Sorte e Sucesso...

Pó Mágico de Afrodite para Sedução

Material necessário:

- Uma colher (de sopa) de canela em pó
- Uma colher (de sopa) de gengibre em pó
- Uma pitada de noz-moscada
- 50 g de talco sem cheiro ou amido de milho

Este pós deve ser aplicado nos seguintes pontos: atrás da nuca, na parte posterior dos joelhos, atrás das orelhas, nos pulsos e entre os seios. Cuidado ao usá-lo. Nada de exageros.

Segredos da Magia

Encantamento de Afrodite dirigido a alguém a quem se ama

Que ressalte em mim os encantos de Afrodite
Que fulano(a) de tal se embriague por mim
Para tornar-me fonte única para curar sua sede
Que minha voz seja o canto da sereia
Para tornar-me guia do seu coração
Que seja devolvida a taça que lhe servi
Para que venha me procurar

Pó Mágico para Saúde

- 20 folhas secas de eucalipto
- 10 galhinhos de pinho
- 5 colheres (de sopa) de alecrim seco
- 1 colher (de sopa) de salsa desidratada
- 1 pilão ou almofariz
- 1 peneira pequena de metal

Coloque no pilão as plantas secas e reduza-as a um pó muito fino, depois passe numa peneira de metal, até conseguir um pó muito fino. As ervas deverão estar bem secas.

Diga o seguinte encantamento:

Que estas ervas me mantenham em boa saúde,
Ervas verdadeiramente encantadas,
As constipações, as tosses e os males não entrarão,
Pois as ervas para me proteger cá estão.

Polvilhe um pouco deste pó nos seus lençóis, no fundo do seu armário de roupa. Leve-o consigo, numa bolsinha de tecido. Pode guardar o que sobrar dentro de um frasco bem fechado, ao abrigo da luz.

Pó da Fartura

- Um vidro amarelo ou âmbar
- Uma colher de sopa de fermento
- Três colheres (de sopa) de trigo
- Três colheres (de sopa) de açúcar branco
- Um caldeirão de ferro ou qualquer metal

Num domingo às 12 horas, misture todos os ingredientes no seu caldeirão e diga:

Os deuses da fartura estão comigo.
Que a prosperidade reine nessa casa.
Assim seja! Assim, seja! Assim seja!

Coloque a mistura no vidro e coloque-o no sol por um dia. Pode ser salpicado nos cantos de uma casa comercial, em seu local de trabalho, mesmo em casa, no escritório. Cuide para não colocar em um local onde haja contas a pagar. Em casa, o melhor lugar é na cozinha.

Capítulo 10

Magia das Benzeduras e Rezas

Benzeduras e Rezas

A prática das rezas e benzeduras não é algo novo no Brasil. De terço, crucifixos e folhas nas mãos, oração na ponta da língua e muita fé em Deus, as benzedeiras e benzedores que surgiram no Brasil com a chegada dos Jesuítas, no século XVI, são presentes na cultura popular até os nossos dias.

No período Colonial Brasileiro, o benzimento, como várias outras práticas religiosas e médicas populares, aflorou-se com intensidade, principalmente para atender àqueles que viviam de forma precária distante dos grandes centros onde já eram raros os médicos, cirurgiões e produtos farmacêuticos. Neste cenário, os benzedores ou rezadores elaboravam filtros, unguentos, banhos, xaropes e garrafadas com ingredientes da floresta para aliviar os males daqueles que os procuravam.

122 | Segredos da Magia

Esta prática mostrou tanta eficácia que hoje é comum aliar a um tratamento convencional, um passe mediúnico, uma reza ou benzimento, uma unção e até mesmo remédios considerados placebos como os florais, por exemplo.

A esses benzedores, considerados em suas áreas de ação, costumava-se pedir a bênção para alianças, anéis de noivado, amuletos, cavalos etc. Eram e são ainda pessoas de reputação energética elevada, capazes de perceber a energia das pessoas e dos lugares onde estejam.

No Brasil, as benzedeiras surgiram a partir do século XVII, vieram junto com os imigrantes portugueses, e, os próprios índios aqui já estabelecidos praticavam seus rituais de cura dentro de um conjunto de orações em sua língua de origem.

Benzer significa tornar bento ou sagrado. Tudo se baseia na fé, com características de crenças de origem sociocultural, praticado por pessoas simples, como forma de oferecer conforto físico, mental e espiritual àqueles que os procuravam.

Benzer é fazer magia com palavras que tenham o poder de ação no etéreo e no físico. E é melhor não querer entender a história que cada oração contra os males do corpo quer dizer exatamente. No momento da reza, o que menos tem valor é a intelectualidade e a racionalidade. Existem benzimentos para proteção de casas, crianças, animais de estimação, plantas, proteção do corpo e de espírito.

O prática do benzimento se aprende dentro de uma tradição na qual quem sabe e foi preparado ensina quem precisa, independente de crença ou religião. O que acontece muito entre o povo cigano. Os mais velhos reconhecem o poder e a sabedoria de transmutação de energia.

Como a atividade já foi severamente confrontada com a medicina científica e a prática não é reconhecida, muitas curandeiras e benzedeiras se isolaram temendo perseguições de seus opositores. No entanto, hoje, existem benzedeiras, reikianos, médiuns passistas e tantos outros que atuam junto aos médicos em hospitais, visitando os enfermos e levando-lhes o conforto e a "cura energética" de seus males físicos.

Mas o que dizem os benzedores quando estão em plena função?

Oração que aprenderam com os seus antepassados, recitadas enquanto aspergem água, marcam cruzes no corpo, ou simplesmente usam um crucifixo ou galhos de plantas como a arruda, podem parecer sem sentido, mas diz a fé popular que funciona e muito bem, afastando qualquer energia invasora que esteja atrapalhando a cura do doente.

Oração Contra Inveja

Deus, atendei ao meu pedido, vinde em meu socorro, vinde ajudar-me. Confundidos sejam e envergonhados os que buscam a minha alma. (Fazer o Sinal da Cruz) Voltem atrás e sejam envergonhados os que me desejam males. Voltem-se logo cheios de confusão os que me dizem: "Bem, bem". (Fazer o Sinal da Cruz) Regozijem-se e alegrem-se em Vós os que Vos busquem e os que amam Vossa salvação digam sempre: "Engrandecido seja o Senhor". (Fazer o Sinal da Cruz) "Vós sois o meu favorecedor e o meu libertador, Senhor Deus, não vos demoreis. Glória ao Pai, ao Filho e ao Espírito Santo. Oremos. Gloriosos São Sebastião e São Jorge, São

Lázaro e São Roque, São Benedito, São Cosme e São Damião. Todos Vós. Bem-aventurados Santos do céu, que curais e aliviais os enfermos, intercedei junto ao Senhor Deus pelo seu servo Fulano. Vinde, Gloriosos Santos, em seu auxílio. Fechem-se os olhos malignos, emudeçam as bocas maldosas, fujam os maus pensamentos e desejos. Por esta Cruz será Fulano defendido. Por esta Cruz será Fulano defendido. Por esta Cruz estará Fulano livre. (Fazer três cruzes com o crucifixo). Louvado seja Nosso Senhor Jesus Cristo. Para sempre seja louvado".

Rezar em seguida um Pai Nosso e três Ave-Marias.

Observação: A palavra Fulano deve ser substituída pelo nome da pessoa a ser beneficiada pela oração.

Benzeduras e Rezas Populares

Nas benzeduras, o rezador deve empunhar algo preparado para a ação energética: um terço, uma cruz de madeira simples, um crucifixo de qualquer material, galhos de arruda, sabugueiro, vence tudo, vence demanda ou outra planta de reconhecido poder energético:

Benzedura contra o mau-olhado I

Assim se faz a oração:

Nossa Senhora defumou o seu amado filho para bem cheirar, eu também defumo (nome da pessoa em causa) para que todos os males se curem e o bem entrar.

Deus encante quem te encantou, dentro deste corpo este mal entrou, assim como o sol nasce na terra e se põe no mar que todos estes males para lá vão passar.

Benzedura contra o mau-olhado II

Antes, você deve colocar numa tigelinha com água, três ou cinco gotas de azeite e dois pauzinhos em cruz. Se o azeite espalhar é porque temos mau-olhado.

Com um rosário na mão, faz-se a seguinte oração:

Jesus que é o Santo nome de Jesus, onde está o santo nome de Jesus não entra mal nenhum.

Eu te benzo, criatura do olhado; se for na cabeça a Senhora das Cabeças e se for na cara a Senhora de Santa Clara e se for nos braços o Senhor São Marcos e se for nas costas as Senhoras das Verônicas e se for no corpo o meu senhor Jesus Cristo que tem o poder todo.

Santa Ana pariu a Virgem, e ela o meu Senhor Jesus e assim com isto é verdade assim este olhado daqui tirado para as ondas do mar, seja lançado para onde não ouça galos nem galinhas cantar, em louvor de Deus e da Virgem Maria, Pai Nosso e Ave-Maria.

Depois, ainda com o rosário na mão, reza-se uma Salve-Rainha.

Reza contra a Interferência dos Maléficos

Esta reza apenas deve ser rezada às terças-feiras e sextas-feiras.

Em louvor do Santíssimo Sacramento do Altar, a minha casa vou benzer e defumar, e que todos os males existentes na mesma, que vão quem mos desejar (repetir a última expressão três vezes). Enquanto se faz a repetição, bate-se com o pé esquerdo três vezes. No final reza-se um Pai-Nosso.

Benzedura para Dor de Cabeça

Para remediar a dor de cabeça estranha, que não cede a qualquer chá ou remédio adequado.

Benzemo-nos em cruz e dizemos:

Pelo sinal da Santa Cruz, livre-nos Deus Nosso Senhor dos nossos inimigos, em nome do Pai, do Filho e do Espírito Santo, amém. (nome da pessoa), eu te benzo da dor de cabeça que tens ou dos maus olhos que para ti olharam, ou vento ou sol, ou o mau tempo que por ti passou.

Diz-se três ou cinco vezes.

Você deve colocar um tecido branco dobrado sobre a cabeça da pessoa e sobre o tecido um copo com água.

Benzedura contra quebranto

Deus te remiu
Deus te criou
Deus te livre
De quem para ti mal olhou.
Em nome do Pai, do Filho e do Espírito Santo,
Virgem do Pranto,
Tirai este quebranto.

Dizer a oração 3 vezes.

A seguir, pode fazer o ritual do azeite: ponha um pouquinho de azeite numa taça, molhe um dedo no mesmo e deixe cair cinco pingos num prato com água. Se o azeite se espalha: existe quebranto. Repita a benzedura, quantas vezes forem necessárias, até que os pingos do azeite não se desfaçam.

Benzedura para dor de Barriga

Esta oração tem de ser dita 9 vezes:

Jesus que é o Santo nome de Jesus, onde está o Santo nome de Jesus não entra mal nenhum.

Quando a Nossa Senhora pelo mundo andava, chegou à casa de um homem manso e de uma mulher brava, pedindo-lhes pousada.

O homem dava e a mulher não.

Onde Nossa Senhora se foi deitar, água por baixo e água por cima; com estas mesmas palavras, cura a dor de barriga, em louvor de Deus e da Virgem Maria, Padre Nosso e Ave-Maria.

Benzedura para dor de Cabeça e dor de Ouvidos

A pessoa que benze, diz:

Pai, filho e Espírito Santo.

Depois benze na cabeça da outra pessoa com um terço e diz:

Jesus que é o Santo nome de Jesus, onde está o Santo nome de Jesus não entra mal nenhum. (nome da pessoa a benzer), eu te benzo do mal e de ar maldito, quem te trouxe, e de ar frio e de ar quente. (Pega-se numa faca). Com esta faca te lançarei, pernadas do ar cortarei e daqui para fora te deitarei e com o poder de Deus e da Virgem Maria, um Pai Nosso e uma Ave-Maria. Que a Nossa Senhora leve o mal que a pessoa tem para o outro lado do mar, onde não ouça galo nem galinha cantar e nem mãe por filho chamar e que Nossa Senhora dê as melhoras. Amém.

Repete-se nove vezes a Benzedura.

Reza para dormir bem

Ilda se vai deitar
Três anjos a vão guardar
Dois aos pés e um à cabeceira
Nossa Senhora na dianteira
Benza-se ela, benzo-me eu
Bendita seja a hora
Em que o Senhor nasceu
Em Belém se toca a missa
Os anjos a dizem e a Virgem a adora
Bendita seja a alma
Que se deita nesta hora

Reza quando se sai à rua para ficar protegido

Agora e na boa hora
Que eu saio da minha casa para fora
O anel de S. Miguel levo na minha gola
Quem mal me queira fazer
Deus os queira arrepender-se
Tenha pernas e não ande
Tenha braços e não mande
Tenha boca e não fale
Tenha olhos e não veja
Peço a Deus que me proteja

Capítulo II

Magias de Proteção

Os tipos de feitiços de proteção e blindagem utilizados em diversas culturas e tradições mágicas variam de acordo com o que é percebido como uma ameaça mágica em cada cultura ou tradição. Assim, em culturas onde o mau-olhado é uma grande ameaça, existem centenas de estilos de amuletos e feitiços para repelir o terrível efeito do olho.

Mas o que causa o mau-olhado?

Segundo o Dicionário Houaiss da língua portuguesa, quebranto é estado de torpor, cansaço, languidez, quebrantamento; suposta influência maléfica de feitiço, por encantamento a distância; efeito malévolo, segundo a crendice popular, que a atitude, o olhar etc. de algumas pessoas produzem em outras.

Nos antigos dicionários portugueses era registrado apenas como desfalecimento, prostração, quebramento de corpo.

Universalmente conhecido, o mau-olhado é o mal de ojo, na Espanha; mal-occhio, para os italianos; evil eye para os ingleses e mati, para os gregos.

No Brasil, o quebranto está sempre relacionado ao feitiço e a influências maléficas, sendo considerada uma doença causada pelo mau-olhado, também conhecida por quebranto.

Para livrar-se destas energias existem também outras práticas esotéricas e religiosas de grande eficácia que podem prevenir o mau-olhado ou a feitiçaria ou a inveja. Os mais conhecidos são os talismãs e amuletos dos quais falamos neste livro, as orações e as magias de proteção das quais falaremos agora.

Sabemos que as pessoas transmitem energias positivas e negativas. As que possuem irradiação positiva ou benéfica são as de bons olhos e as que, ao contrário, irradiam energias negativas ou maléficas, são as responsáveis por causarem maus-olhados ou quebrantos.

Em alguns locais é feita uma distinção: considera-se quebranto quando afeta o ser humano e mau-olhado quando afeta plantas e animais.

São diversos os sintomas de quem é vítima do quebranto: olhos lacrimejantes, moleza por todo o corpo, tristeza, bocejar constante, espirros repetidos, inapetência. No caso dos animais, ficam tristes, emagrecem, ficam sem ação e encorujados. As plantas vítimas de mau-olhado murcham sem motivo e rapidamente, às vezes, da noite para o dia ou vice-versa, dependendo de quando foram atingidas pelas irradiações maléficas.

Magias de Proteção | 131

Isso eu presenciei quando menina. Uma árvore de cajá-manga repleta de frutos ainda verdes, recebeu um elogio inesperado de uma visitante de minha avó. No dia seguinte, o enorme pé de cajá tinha despencado e muitos de seus frutos estavam no chão. Minha tia-avó Constantina, uma shuvani com quem aprendi a leitura das cartas, fez um tríduo de orações e a árvore se recuperou do mau-olhado.

É preciso benzer e/ou defumar com a casca de alho no braseiro de um turíbulo, por nove dias seguidos, é o prazo religioso das novenas.

Pessoas que transmitem mau-olhado podem causar uma série de efeitos nefastos como desandar tacho de açúcar, sabão, bolo ou açucarar um doce que está sendo mexido.

Há alguns objetos que, ainda de acordo com a crença popular, agem como uma defesa contra quebranto, mau-olhado e feitiço, a exemplo das figas, pés de coelho, patuás, olhos gregos, pimentas vermelhas e ferraduras.

Existe uma simpatia para evitá-los desde criança: passar o recém-nascido três vezes por baixo das pernas do pai.

Para saber se uma criança está com quebranto, coloque a ponta da língua na sua testa e prove: se estiver salgada é sinal de quebranto.

Para curar o quebranto ou o mau-olhado utilizam-se rezas, benzeduras e simpatias. No caso de animais, quando não é possível capturá-los, deve-se benzer seu rastro.

Para quem acredita ter sido vítima de quebranto ou mau-olhado, existem algumas rezas para afastar o efeito maléfico:

132 | Segredos da Magia

1. Coloque a mão direita sobre o coração do "doente" e pronuncie as seguintes palavras:

   Jesus (fazer o sinal da Cruz)! O nome de Jesus me ajude (repetir o sinal da Cruz)! Onde eu puser a mão, ponha Deus a sua santa virtude!
   Cristo vive, Cristo reina, Cristo te ilumine, Cristo te defenda de todo o mau ar. Se esta criatura tiver coisas ruins, às areias do rio irão parar, porque eu tiro-lhe pela cabeça. Santa Tereza, eu tiro-lhe pelo lado. Senhora Santa Ana, eu tiro-lhe pela frente. São Vicente, tiro-lhe por trás. São Brás, tiro-lhe pelo fundo. E Nosso Senhor, por todo o mundo. Rezar um Pai-Nosso e uma Ave-Maria.

2. Rezar três vezes:

   Com dois puseram
   Com três eu tiro.
   Com o nome do Pai,
   Do Filho e do Espírito Santo.

3. Com um raminho de qualquer mato e fazendo o sinal da cruz no peito da criança falar:

   Jesus quando andou no mundo pra tudo ele rezou. Rezou para olhares de quebranto, que desta criança vão saindo, varridas com galho de oliveira. Amém.

Magia para afastar uma pessoa

Quem quer se livrar da presença de alguém perigoso, pode testar a eficácia deste procedimento mágico: use estes conjuros para afastar uma pessoa de outra, e assim bloquear suas intenções malignas.

Vejamos então algumas técnicas que utilizam magia de proteção branca para afastar um vampiro energético.

Magia do Espelho

Esta é uma magia que dirige a visão de alguém para si mesmo, te fazendo invisível para eles. Não literalmente, mas a atenção de tal pessoa que se desejar afastar, não estará mais voltada para você. Para este feitiço, você vai precisar de:

- Um pequeno espelho redondo ou quadrado de cerca de 20 centímetros de altura ou diâmetro
- Uma foto ou desenho da pessoa
- Uma pedra de ônix
- Uma colher de chá de artemísia

Coloque o espelho plano sobre uma mesa, e polvilhe a artemísia em um ponto sobre o espelho. Coloque a foto de bruços no espelho para que o rosto da pessoa fique sobre a artemísia. Pronuncie as seguintes palavras:

Não pode me ouvir,
E não me pode ver.
Você não precisa de mim,
Agora me esqueça.

Ponha a peça de ônix sobre a foto, também sobre o local onde está o rosto da pessoa. Repita as palavras e deixe os elementos em seu altar para manter esta pessoa longe. Esta magia deve ser feita numa noite de lua nova.

Congelando a Energia Negativa

Outra técnica simples de Magia branca para afastar uma pessoa consiste em congelar aquele que sabemos ter más intenções contra nós.

Ingredientes

- Uma tira de papel branco sem linhas medindo cerca de 3x15 centímetros
- Um lápis de grafite
- Um pequeno pedaço de 50 cm de linha grossa de bordar na cor preta
- Água
- Congelador ou freezer

No pedaço de papel, escreva o nome da pessoa que deseja desterrar. Faça um só nó no centro do fio. Concentre nas razões que fazem com que esta pessoa lhe cause algum dano. Dobre o papel para cima, com o pedaço do fio passando pelo meio dele e em seguida enrolando-o. Umedeça-o. Acrescente mais umas gotas de água ao papel. Só umedecê-lo o suficiente para que depois se congele. Coloque o papel dobrado e úmido no congelador e deixa-o ali até que passe a situação. Enrole o papel no que restou do fio e leve-o dentro de um saquinho plástico ao congelador. Esta magia funcionou efetivamente para afastar uma pessoa que desejava influenciar outro rapaz para usar drogas.

Outra bruxaria para afastar uma pessoa: com jarro e foto

Com esta receita caseira faremos um ritual para que a pessoa seja molesta em seu próprio mundo, e se mantenha afastada de você. Os fornecimentos para este feitiço são:

- Uma foto ou desenho da pessoa
- Uma agulha de bordar grande
- Vinagre
- 1 colher de sal grosso
- Pote ou jarro com tampa

Se você está utilizando um desenho, escreva o nome da pessoa que deseja afastar. Não precisa ser uma obra de arte. Para esta magia basta um desenho, uma foto, uma cópia feita numa impressora comum. Dobre o papel ou foto uma vez, e prenda-a com a agulha para que se mantenha dobrada. Coloque no frasco. Repita o seguinte conjuro para começar o ritual de desterro ou banimento:

Selado com uma ponta, neste lugar incômodo te deixarei.

Continue repetindo as palavras enquanto agrega umas gotas de vinagre no jarro, e depois uma pisca de sal. Sele a tampa firmemente e ponha o frasco em um local escuro. Se possível, enterre-o. Retire-se do lugar, sem olhar para trás.

Magia de proteção

Usamos esta magia para melhorar a saúde, bem como para facilitar a recuperação de alguém que está em resguardo ou em repouso. É necessário:

- Uma ferradura usada ou um prego grande
- Um pote com água salgada
- Jardim ou um vaso de plantas

Pegue uma ferradura ou um prego de ferro e o abençoe, mergulhando-o em água salgada. Enterre-o no jardim da casa do doente ou em um vaso de plantas. Deixe a ponta saindo da terra para atuar como um condutor e dispersar a energia.

Quando você o enterrar, diga:

Problemas de saúde, eu ordeno,

Passe por este ferro.

(nome da pessoa) é grato(a) por isso e ficará bem.

Essas palavras devem ser repetidas sete vezes.

Capítulo 12

Magias para Atrair Dinheiro

Rituais para atrair dinheiro são eficazes quando alinhamos nossa energia com a fonte infinita de prosperidade e abundância, que é o Universo.

Isso é necessário porque, embora você acredite que queira atrair mais dinheiro, a verdade é que a sua energia pessoal pode rejeitá-lo sem o seu conhecimento.

Antes de fazer estes rituais para abundância, é importante evitar:

1. Preocupação. A preocupação é um veneno para quem quer prosperar de verdade. Além disso, se você fala muito sobre essa preocupação, reforça a ideia de que vai mesmo ficar sem dinheiro. Tenha fé. Pense firmemente que o dinheiro está se tornando disponível para você. Deixe-o chegar.

138 | Segredos da Magia

2. Evite pensar em como estão as coisas atualmente. As circunstâncias externas, o mercado etc. A magia para atrair dinheiro trabalha energias que se movem a seu favor, independentemente de haver ou não canais regulares para que ele chegue até você. Isto é, não pense sobre como você vai conseguir o dinheiro: por sorteio, novo emprego, presente ou não. Isto não é a sua parte. Isto pertence ao Universo.

3. Cuidado com as palavras e as frases do tipo: "Não temos dinheiro para nada", "Não posso comprá-lo", "O dinheiro foge de mim".

A partir de agora, decida esquecer o que está faltando ou suas principais necessidades, porque se assim não o fizer, tais necessidades vão se manifestando e tornando uma realidade incontestável para você.

Suas declarações são poderosas. Elas criam sua realidade exterior. Pense nisso quando quiser expressar seus pensamentos a respeito do dinheiro.

Agora, aqui estão três rituais para ter mais dinheiro.

Três rituais poderosos para atrair dinheiro

1. Ritual para atrair dinheiro e eliminar a dívida

- Você vai precisar de dois frascos transparentes ou verdes, com tampa, tipo potes grandes de conservas. Para reutilizá-los, basta lavá-los bem e fervê-los com água e um pouco de água oxigenada dez volumes.
- Arroz que baste para cobrir pelo menos dois terços do frasco.
- Três grãos de pimenta-do-reino branca.

- Um envelope vermelho pequeno que caiba dentro do frasco. Você pode fazê-lo usando um pedaço de papel vermelho, de qualquer gramatura.
- Um quilo de sal marinho natural (aquele que é vendido em casas religiosas)
- Um espelho quadrado ou redondo.

Este ritual tem duas partes. A primeira é feita durante a lua crescente e a segunda durante a lua minguante.

Primeira Parte:

Comece o ritual para o dinheiro durante o primeiro dia da lua crescente ou durante a lua nova. No primeiro pote de vidro, coloque arroz cru até a metade do frasco. No papel, escreva a quantidade de dinheiro que você deseja receber, ou um total ou uma quantia mensal ou semanal. Você pode fazer a seguinte declaração:

Minha renda mensal constante é pelo menos R$.. Recebo este dinheiro com alegria a cada mês, da maneira mais conveniente para todos os envolvidos e segundo o meu propósito divino superior.

Dobre este papel quatro vezes e coloque-o num envelope vermelho. Deposite o envelope dentro do frasco e cubra-o com o arroz até que não possa ser visto. Coloque os três grãos de pimenta sobre o arroz. Tape o frasco. Escolha um lugar em sua casa onde você coloque o frasco e ninguém o toque. Coloque o frasco diante de um espelho, com a intenção de potencializar seu objetivo.

Substitua a cada lua nova, ou sempre que você quiser atrair mais dinheiro.

140 | *Segredos da Magia*

Segunda Parte:

Se você tem dívidas pendentes, execute a segunda parte deste ritual para o dinheiro, durante a lua minguante.

Em outro frasco de vidro, despeje sal grosso natural. Escreva sobre o pedaço de papel a dívida de que quer se livrar. Faça a seguinte declaração:

Minha dívida de R$.......................... com .... (Escrever a quem deve o dinheiro) é paga integralmente e cancelada de forma satisfatória para que todos os envolvidos obtenham o que precisam no mais conveniente e de acordo com as leis divinas. Eu não tenho dívidas pendentes.

Dobre o papel ao meio, coloque-o dentro do frasco e cubra com o sal. Tampe o frasco.

Mantenha o frasco em um lugar onde ninguém possa tocar e longe do primeiro frasco. Mantenha-o assim até que a dívida seja cancelada ou perdoada.

2. Ritual para nunca perder dinheiro

Outro ritual rápido e fácil para atrair dinheiro envolve a colocação de qualquer moeda ou nota dentro de um pequeno envelope vermelho que deve ser carregado em sua carteira ou bolsa. Deve ser feito na lua nova, crescente ou cheia com a intenção de garantir um fluxo constante de dinheiro, onde nunca falte. Não use esta moeda ou nota sob quaisquer circunstâncias.

Se você tem um negócio e quer atrair mais dinheiro, coloque o envelope vermelho onde o dinheiro é guardado todos os dias, em sua caixa registradora ou cofre, mas não use o dinheiro ou deixe ninguém o tocar.

3. Ritual para ativar, atrair dinheiro

Se você quer ter mais dinheiro, faça um quarto para ele. Pelo menos uma vez por mês, reserve algum tempo para limpar sua bolsa, carteira ou pasta.

Se você tem sua carteira cheia de recibos, papéis, documentos ou outras coisas, não haverá espaço para o dinheiro. Comece por colocar seus recibos ou contas em um envelope ou pasta pequena e só carregue-os lá.

Sua carteira de dinheiro ou bolsa deve ter sempre um espaço livre, sem contas a pagar ou recibos. Mantenha-a sempre livre para receber mais dinheiro, como se aquele espaço fosse um "quarto" para guardar dinheiro.

Este ritual para atrair o dinheiro parece simples, mas é muito eficaz. Lembre-se de que para manifestar algo em sua vida, você deve sempre alinhar a sua energia para este fim e reservar tempo para criar espaços. Faça isso e comece a aumentar o fluxo de dinheiro em sua vida. As oportunidades se multiplicarão. Tenha certeza disso.

Magia para o Dinheiro

Você precisará do seguinte:
- Uma tigela de louça ou metal decorativa
- Cinco velas vermelhas pequenas – podem ser velas de rechauds
- Pimenta-da-Jamaica em pó para o sucesso
- Um punhado de moedas
- 10 paus de canela

A mudança representa o seu dinheiro "semente". As moedas que você tiver no bolso ou no fundo da bolsa servirão perfeitamente, mas não as conte. Coloque as moedas, o pau de canela e uma das velas vermelhas na tigela. Polvilhe a vela e o dinheiro com uma pitada generosa de pimenta-da-Jamaica.

Ao polvilhar a pimenta-da-Jamaica, diga o seguinte:

Trinka cinco
Trinka cinco
Minha magia de dinheiro
Está viva!

Acenda a vela e deixe-a queimar até o fim. No dia seguinte, remova a vela gasta e adicione qualquer moeda que possa ter acumulado. Lembre-se de dizer "obrigado(a)". Agora, coloque a segunda vela vermelha em cima do dinheiro, salpique a pimenta-da-Jamaica e repita as palavras.

Faça isso por cinco dias seguidos e sua magia do dinheiro será ativada, fortalecida, recarregada e ampliada.

E se você acabar com tantos trocados que sua tigela ficar cheia de dinheiro antes dos cinco dias? Ou se você absolutamente precisar usar algum deles? Sem problemas. Você pode tirar dinheiro da tigela, mas certifique-se de deixar pelo menos cinco moedas.

OUTROS LIVROS DA EDITORA ALFABETO

O ANUÁRIO DA GRANDE MÃE
Mirella Faur • 576 páginas

Amplamente documentado e ilustrado, o Anuário da Grande mãe é um precioso auxiliar na descoberta e na celebração da energia renovadora, fortalecedora e curadora do Sagrado Feminino. Com mais de 900 deusas, constitui-se no mais completo e diversificado estudo publicado em língua portuguesa sobre os arquétipos da Deusa existentes em várias culturas e tradições antigas. Praticantes, solitários ou em grupos, vão encontrar informações indispensáveis para os rituais e festejos dos plenilúnios (Esbats) e das comemorações da Roda do Ano (Sabbats) com suas correspondências astrológicas. Edição revisada e ampliada.

Wicca para Todos
Claudiney Prieto • 416 páginas

Wicca Para Todos é um livro essencial para os que buscam os caminhos da Arte e desejam ampliar sua visão e conhecimentos sobre esse fascinante universo. A obra é uma fonte de referência para todos que têm se encontrado perdidos em meio a tantas informações distorcidas, deturpadas e equivocadas sobre a Wicca disponíveis na atualidade. O livro traz, ainda, um Compêndio de Reflexões que versa sobre os temas mais profundos e controvertidos da Wicca, destinado aos que buscam informações mais avançadas sobre os muitos aspectos das questões mistéricas da Bruxaria Moderna

CRISTAIS UM UNIVERSO EM SUAS MÃOS
Rosa Maria Biancardi • 160 páginas + 16 coloridas

Esta obra contém toda a preparação para o uso dos cristais e a prática da gemoterapia, incluindo análise detalhada dos chacras, técnicas de radiestesia, gráficos de avaliação, glossários de sintomas específicos para cada área e um índice de cristais, com as especificações para o uso, selecionados criteriosamente para atender a todas as necessidades do trabalho e ao alcance de todos. Inclui um caderno com fotos coloridas de mais de 100 cristais e pedras preciosas.

OUTROS LIVROS DA EDITORA ALFABETO

ORÁCULOS UTILIZADOS PELO POVO CIGANO
Padrinho Juruá • 244 páginas

Com linguagem simples e exemplos práticos, Oráculos Utilizados Pelo Povo Cigano é valioso e indispensável na orientação e preparo de médiuns na fase de incorporação para correntes dos espíritos ciganos. Pai Juruá desmistifica e nos presenteia com 16 oráculos milenares utilizados pelo povo cigano. Ao adquirir este livro, você leva gratuitamente as cartas ciganas..

SÃO JORGE – A LENDA DO SANTO GUERREIRO
Sarah Camargue • 128 páginas

Neste livro, a autora aborda o culto antigo e poderoso a São Jorge, guerreiro e mártir respeitado em todo o mundo, cultuado e reverenciado em várias religiões. São Jorge é patrono de muitos países e um símbolo poderoso da fé. O livro também mostra a relação do santo com diferentes instituições, contendo também orações, novenas, simpatias e rituais.

SANTA SARA E O SAGRADO FEMININO
Tina Simão • 80 páginas

Este trabalho de pesquisa aborda as origens, as lendas e as histórias sobre Santa Sara e sua ligação com o povo cigano. O livro contém rituais, orações, novenas e oferendas com o objetivo de facilitar o contato com Santa Sara.